DWI'N DEUD DIM, DEUD YDW I...

CYFRES Y CEWRI

Dwi'n deud dim, deud ydw i...

Stewart Whyte McEwan Jones

Gwasg
Gwynedd

Argraffiad Cyntaf — Tachwedd 2001

© Stewart Jones 2001

ISBN 0 86074 179 6

Cyhoeddwyd ac argraffwyd
gan Wasg Gwynedd, Caernarfon

Cynnwys

Cyflwyniad

Mae hanner canrif a mwy wedi mynd heibio er pan ddaeth S.W. Jones a W.S. Jones yn gyfeillion, a chynyddu wnaeth y cyfeillgarwch hwnnw gyda'r blynyddoedd.

Pethau bach gogleisiol sy'n dwad i fy meddwl i y munud yma. Dyna'r tro hwnnw pan oeddan ni wedi galw mewn caffi ('Temprans' mae Stewart yn galw caffi) i gael pryd gyda'r nos cynnar. Roedd o wedi gofyn am *gammon and egg* i'r Saesnes dinpan gron oedd yn tendio. A wir, mi ddaeth yr archeb yn reit ulw sydyn, ond yn lle *gammon and egg*, *gammon and pineapple* gafodd yr hen frawd.

Chwarae teg iddo fo, ddaru o na grwgnach na chwyno. Naddo, ddaru o un dim ond taro blaen ei fforc yn nhwll canol y pein a'i daflu o mwya slei i'r grât gwag oedd y tu ôl i'w gefn, yn debyg braidd i bêl-droediwr yn sgorio gôl dros ei ysgwydd. Ydi, mae o'n medru bod yn eitha gŵr bonheddig pan licith o.

I ddifrifoli dipyn bach rydw i'n brysio i gydnabod fy mod i yn ddyledus iawn iddo fo ar amal i gyfri. Mae o wedi bod yn gymwynasgar tu hwnt efo ni yn Nhyddyn Gwyn. Mae yma 'lin tw', enw Stewart ar ein cegin ni. Un gaeaf mi aeth y to ffelt i ollwng dŵr, a mi fu'n rhaid ail-doi. Stewart wnaeth y gwaith i gyd, efo help Iwan ei fab, a hynny yn rhad ac am ddim. Doedd wiw sôn am dalu. Mi ddigwyddodd peth eitha doniol a all'sai fod yn ddifrifol y tro hwnnw hefyd wrth inni gerdded ar yr hen do ffelt.

'Cymrwch ofol lle rydach chi'n rhoi'ch hen draed mawr,' oedd y comand gafodd Iwan a finna, 'Os na newch chi, trŵadd byddwch chi.' Y FO fawr aeth trwodd. Ia, un goes hir hyd ei fforch nes oedd blaen ei droed o bron iawn yn y bowlan siwgwr.

Hyd y gwn i does ganddo fo yr un hobi amlwg. Mae'r dyn rhy brysur yn gweithio i fedru fforddio hobi. Er, mi ddylis i'n siŵr unwaith ei fod o am ddwad yn aelod reit flaenllaw o'n clwb beicio ni. Mi landiodd yma efo beic merch o'r pedwardegau yng nghist y car. 'Beisig, Dunelt, *Ladies Model, complete with dynamo and Sturmey Archer three speed gear*. Mi es i brogio yn y beudai yn ryw hen ffarm lle roeddan ni'n ffilmio yn ochra Abergynolwyn. Mi rois i ormod dair gwaith amdano fo ond hidia befo.' Chwerthin fel peth gwirion wedyn a finna i'w ganlyn o. Does yna ddim byd yn ddigri yn y truth yna ynddo'i hun, ond pan mae Stewart yn ei hwylia mae pob sbocsan yn tincian o ddoniol.

Welson ni mohono fo yn y clwb. Un siwrnai fer i lawr i'r Bluen, Llanystumdwy gafodd o ar y Dunelt. Doedd 'beisig' ddim y peth gora i ben-glin, medda fo.

Does fawr o angen sôn am ei ddawn actio yn y fan yma. Ac eto, mi fydda i'n dotio at y sylw mae o'n ei roi i bwysleisiadau a goslefau. Pleser pur ydi gwrando arno fo yn darllen barddoniaeth. Beidio bod hon yn mynd yn ddawn brin ymhlith actorion?

Rhaid sôn gair am Mr John Ifas, Ysw., o Gongo Bach, Drefain, RSO. O gofio ein bod wedi ein rhybuddio gan yr awdurdod oedd yn talu inni i beidio medlach â chrefydd a gwleidyddiaeth, ac eto bod yn ddychanol, mi ddowd drosti'n wyrthiol. Ac o gofio bod fy nheipiadur Remington innau yn nogio bob tro y gwela fo'r llythyren 'a' ac 'o' mae'n syndod sut y llwyddodd Stewart druan i ddysgu'r sgyrsiau heb sôn am eu cyflwyno nhw. Ond eu cyflwyno nhw ddaru o, y gwell a'r gwaeth, yn hynod ddidramgwydd.

Rydan ni wedi profi dipyn bach o ddryswch efo'n henwau yn ystod taith hir yr hen bardnar o'i siop yn Rhoslan i'r tryc. Un sgid hwch flasus, a gyda'r fwyaf proffidiol i mi, oedd yr un pan dalodd y ffarmwr hwnnw am ei neges mis efo siec wedi ei sgrifennu yn glir iawn i W. S. Jones yn lle i S. W. Jones. Ond chwarae teg, er mor sgit am ei geiniog yw'r Sgotyn Jones mi ddaethpwyd i ddealltwriaeth yn reit ddi-lol fel pob tro arall.

Ond o'r diwedd, a diolch amdano, dyma hanes y dyn ei hun, S. W. Jones, rhwng dau glawr llyfr, a does neb parotach i'w groesawu na W. S. Jones.

Pob bendith ar y 'jottings'.

WIL SAM

Oed yr Addewid

Roedd o wedi sleifio i mewn i fy nghyfansoddiad yn
ddiarwybod i mi, fel tasa fo wedi penderfynu 'Dy dro di
fydd hi nesa, rydan ni'n dechra arnat ti rwan.' Fe'i
cafwyd o allan, a rhyw wyth modfedd o berfedd i'w
ganlyn, ac mi ddangoswyd ei lun o imi. Ond y cwestiwn
tyngedfennol oedd, beth yn union oedd o? Ar ôl rhai
dyddiau ar fy ngorwedd yn disgwyl am ddedfryd bwysica
fy mywyd, mi welwn y doctor yn cerdded at y gwely; dyn
o India neu rywle cyffelyb, a dwy nyrs wrth ei ochor.
Dyma fo'n dweud yn oeraidd iawn, 'You have a
malignant growth, you will have to have radiotherapy
and chemotherapy, probably radiotherapy in Clatter-
bridge.' Ac i ffwrdd â nhw.

Mehefin 1999 oedd hi. Flwyddyn union ynghynt
roeddwn i wedi cyrraedd fy saith deg, oed yr addewid yn
ôl y Beibl. Roeddwn i'n cofio Nhad yn sôn llawer am yr
oed hwnnw, a finna'n cymryd fawr o sylw. Rwan ro'n i'n
sylweddoli bod y deg a thrigain yn garreg filltir go
bwysig yn fy hanes innau. Hyd at hynny mae'n rhaid
cyfaddef imi gael bywyd eitha didramgwydd o ran fy
iechyd. Wedyn y dechreuodd gofidiau, a'r gofid mwyaf
un oedd dedfryd y doctor hwnnw yn Ysbyty Gwynedd.
Dyna ni, medda fi, 'Buttercups' fydd hi rwan. Tynnu at y
terfyn. Ffinish.

Doeddwn i ddim wedi bod yn poeni'n ormodol ar y

11

daith i'r ysbyty o fy nghartref yng Nghricieth. Yr unig broblem y gwyddwn i amdani yr adeg honno oedd ychydig o boen yng ngwaelod fy mol. 'Prostate' oeddwn i'n feddwl oedd o, dim byd rhy ddrwg, ond mi ddaeth yn ddigon o bryder imi fynd at y doctor. Ym Mangor mi welson nhw'r tyfiant. Roedd o i mewn yn y perfedd yn ddyfn. Diolch mai yn fanno roedd o a'i fod o mewn cyrraedd. Diolch hefyd 'mod i wedi mynd at y doctor yn ddigon cynnar. Hynny arbedodd fi, meddan nhw, cael gafael ar y tyfiant mewn pryd. Ond fy arbed i am ba hyd, fedrwch chi byth ddweud efo'r hen sglyfath.

Ar ôl dod adre mi fûm i am sbel ofn dweud wrth Jean y wraig beth yn union oedd y diagnosis. Roeddwn i wedi mynd i'r ysbyty'n ddyn cymharol iach a dod oddi yno'n ddyn gwael, a mwy o ddiodde o fy mlaen i wedyn. Fu dim rhaid imi gael 'radiotherapy', ond ro'n i'n dechrau'n syth ar y 'chemotherapy', oedd yn golygu mynd i mewn unwaith bob pythefnos am chwe mis i Ward Alaw yn Ysbyty Gwynedd. Does 'na neb cyffelyb iddyn nhw fel nyrsus a doctoriaid; does gen i ddim ond gair da i'w ddweud amdanyn nhw. Ond mae'n anodd credu bod 'na brofiad gwaeth ar wyneb daear Duw na'r 'chemotherapy'. Mae'n gwanio dyn yn gorfforol, yn eneidiol, ym mhob ffordd. Mae rhywun yn dod i adnabod ei hun, dwi'n meddwl, wrth fynd drwyddo fo; yn trafod ei fywyd, trafod pob dim sydd wedi digwydd iddo fo, ac yn methu gweld unrhyw ddyfodol.

Y drefn oedd mynd i mewn ar ddydd Llun, gorwedd yno am ddwyawr a hanner a chael y driniaeth ar y diwedd. Dod adre. Yr un broses ddydd Mawrth, ac aros adra wedyn. Doedd rhywun ddim yn teimlo'n ddrwg am ddiwrnod neu ddau, ond ar y trydydd a'r pedwerydd diwrnod roedd y salwch dychrynllyd 'ma yn dechrau. Gwendid, diffyg canolbwyntio, methu bwyta na darllen na gwylio teledu na dim. Wedyn roedd yr effaith yn gwanio ac yn gwanio ac roedd rhywun yn cryfhau at ddiwedd y pythefnos. Ond y drwg oedd bod yn rhaid mynd yn ôl i gael mwy o'r un peth, oedd yn nychu'r enaid unwaith eto. Mi aeth hyn ymlaen tan fis Chwefror 2000.

Ar ôl rhoi'r gorau i'r driniaeth roeddwn i'n dechrau dod ataf fy hun yn o lew, yn dechrau cryfhau dipyn bach. Roedd ffrindiau o bob cwr yn dod yma i Gricieth i 'ngweld i. Ac un ffrind yn arbennig a alwodd oedd Emlyn Williams, y cyfarwyddwr ffilm, o Lanbedrog yn Llŷn yn wreiddiol ond yn byw yng Nghaerdydd. Roeddwn i wedi gweithio ar dipyn o gynyrchiadau Emlyn trwy'r blynyddoedd. Mi gawson ni gyfnod difyr yn ffilmio 'Storïau'r Henllys Fawr' ym Mhen Llŷn yn nyddiau cynnar S4C, a thaith gofiadwy i Iwerddon yn gwneud ffilm o'r enw 'Pâr o Sgidiau'. Buom hefyd yn Senghennydd yn ffilmio'r ddrama 'Ewyllys Dda' efo cast oedd yn cynnwys tri actor o Fôn, J. O. Roberts, Albert Owen a'r anfarwol Charles Williams. Trwy brofiadau felly mi ddaeth Emlyn a finnau'n dipyn o ffrindiau.

Dyma fi'n holi beth oedd o'n ei wneud y dyddiau yma. 'Dwi'n meddwl am drio hel drama at ei gilydd,' medda fo, 'ac wedi bod yn aros yn y Wern, cartra hen bobol yn ymyl Pentrefelin, i weld sut le sydd yno, cael syniad sut mae petha'n gweithio.' 'Drama am hen bobol sgin ti?' medda fi. 'Ia i raddau,' medda fo. 'Dwi di bod mewn amryw o gartrefi i gyd. Ma'r syniad yma wedi bod yn fy meddwl i ers blynyddoedd, a rwan dwi'n trio cael pethau at ei gilydd.' Mi alwodd Emlyn yma droeon wedyn yn y cyfnod hwnnw, ac aros ambell noson. Roedd o'n gwmni hawddgar a chawsom sgwrsys difyr.

Aeth yr amser ymlaen. Daeth yn Fehefin. Ac erbyn hyn ro'n i'n teimlo fy hun wedi dod at fy nghoed yn o lew. Roedd fy meddwl i'n ddigon clir a 'nghorff i'n dechrau cryfhau. A dyna lle roeddwn i'n eistedd yn y gegin ryw ddiwrnod a dyma'r gloch yn canu a dau ddyn yn dod i mewn, sef Mr Emlyn Williams a Mr Alun Ffred Jones. Ffred wrth gwrs ydi un o gyfarwyddwyr Ffilmiau'r Nant yng Nghaernarfon, a'i faes arbennig yntau ydi drama. A dyma nhw'n gofyn i mi, 'Fasat ti'n lecio cymryd rhan mewn ffilm? Fasan ni'n falch tasat ti'n gwneud os wyt ti'n teimlo'n ddigon cry. Mi gei di benderfynu.'

Ac mi aethon ati i ddechrau trafod a thrin beth oedd cefndir y ddrama roedd Emlyn wedi bod yn gweithio arni. Roedd hi'n swnio'n ddrama ddigon diddorol, yn un fydda'n apelio ac yn fy siwtio fi. Ro'n i'n meddwl ar y ffordd roeddan nhw'n siarad na fydda 'na ddim llawer iawn o waith i'w wneud arni. Yn yr wythnosau cyn hynny, mae'n rhaid cyfadde, mynd yn ôl i actio oedd y peth dwaetha ar fy meddwl. Ond ar ôl sgwrsio efo'r ddau arall mi gytunais y baswn i'n trio ymhel â'r ffilm.

Drama oedd hi am ddau ŵr gweddw yn byw drws nesa i'w gilydd mewn tai cyngor yn Llithfaen yng ngogledd Pen Llŷn. Mi aeth un i ddiodde o 'Alzheimer's Disease', a chael ei symud i gartre hen bobol, ble'r oedd o'n cael lle da a phob math o dendans am ddim. Roedd ei gymydog yn teimlo'n unig hebddo fo, ac yn y diwedd mi benderfynodd gymryd arno bod Alzheimers arno yntau, er mwyn cael mynd i fyw i'r cartre at ei ffrind a chael yr un gofal. Ond roedden nhw'n ddyddiau Llywodraeth Thatcher ac mi aeth i bob math o drafferthion. Mi benderfynodd ei fod eisiau mynd yn ôl adre, ond doedd hynny ddim mor hawdd. Doedd neb yn fodlon coelio nad oedd o'n diodde o Alzheimers go iawn. Roedd 'na gymhlethdodau hefyd efo'i dri phlentyn, merch oedd yn dal yn yr ardal, mab oedd yn gerddor galluog ond meddw yng Nghaerdydd, a mab arall oedd yn gwneud ei ffortiwn ym myd arian. Wil Dafis y tad oedd y cymeriad oeddwn i i'w chwarae.

Roedd y ffilmio'n dechrau'n ddigon rhwydd. Roedd newydd-deb y peth yn creu rhyw ynni. Ond ro'n i'n teimlo fel yr oedd amser yn mynd ymlaen 'mod i'n nychu braidd, 'mod i wedi cymryd mwy ar fy mhlât nag o'n i'n medru'i handlo. Roedd rhai golygfeydd yn dipyn o straen corfforol, llawer o reidio beic, a hyd yn oed cerdded yn dinnoeth i lawr y stryd! Ond ymladd ymlaen wnes i. Felna mae pethau efo pob ffilm, mae rhywun yn ei wneud o fesul tameidiau yma ac acw fel jig-so. Dydi rhywun ddim ond yn gyfarwydd â'i olygfeydd o'i hun, heb fawr o syniad beth mae gweddill y cast yn ei wneud na sut bydd y ffilm yn edrych fel cyfanwaith.

Roedd y Wil Dafis yma rywle o gwmpas saith deg oed. A finnau newydd ddechrau sylweddoli yn fy mywyd go iawn beth ydi arwyddocâd bod yn saith deg, ei fod o'n medru bod yn garreg filltir go bwysig. Os oes yna ddirywiad o'r hanner cant ymlaen, yn sicr mae 'na ddirywiad ar ôl deg a thrigain. Dirywiad corfforol neu feddyliol, a'r ddau weithiau'n mynd efo'i gilydd.

Dirywiad meddyliol yn fwy na dim oedd thema'r ffilm. Ro'n i'n medru cysuro fy hun nad oeddwn i ddim wedi cyrraedd y fan honno eto beth bynnag.

Mi gafodd y ffilm ei hel at ei gilydd a'i chyflwyno gyntaf yng Nghaerdydd, ffilm 35 *mill*, sy'n golygu bod yr ansawdd dechnegol yn arbennig o dda. Doeddwn i ddim yn teimlo'n ddigon cryf i fynd i Gaerdydd i'w gweld hi, ond mi gwelais hi'n fuan wedyn pan ddangoswyd hi yn Theatr Gwynedd ym Mangor. Ar ôl gweld y cyfanwaith mae'n rhaid dweud 'mod i'n hapus iawn efo'r ffilm. Ei henw hi oedd 'Oed yr Addewid'. Felly mewn rhyw ffordd ryfedd roeddwn innau wedi cael y profiad o gyrraedd yr oed hwnnw ddwywaith o fewn dim i'w gilydd.

Mae'n siŵr mai hon fydd y ffilm ddwaetha wna i byth. Dwi ddim yn meddwl y baswn i'n medru ymgymryd â dim ar y raddfa yma eto. Ond o edrych yn ôl roedd hwn yn brofiad rhyfedd, a rhyw gyd-ddigwyddiadau, rhyw drefn od yn perthyn i'r holl beth. Y rhyfeddod cyntaf oedd bod y cyfle i wneud y rhan wedi dod yn yr union gyfnod hwnnw yn fy mywyd, ac Emlyn wedi gorffen y sgript fel yr oeddwn innau'n cyrraedd y cyflwr roeddwn i ynddo fo. Dwi ddim yn meddwl y baswn i byth wedi chwarae'r rhan yr un fath ag y gwnaed o oni bai am y stad oeddwn i ynddi ar y pryd. Taswn i'n holliach fasa fo ddim wedi dod allan yn yr un ffordd. Dyn iach ac nid dyn gwael fasa wedi bod yn actio dyn yn diodde o Alzheimers. Dwi'n credu bod fy ngwendid corfforol i wedi cryfhau'r ffilm. Roedd o'n straen, yn enwedig pan oedd yr oriau'n mynd yn hir. Dwi'n credu bod y straen yn dangos, ond trwy'i ddangos o mi oedd hynny'n gwella'r ddrama.

Ac mi oedd yna bethau rhyfedd eraill ynglŷn â'r profiad. Yn Llithfaen y ffilmiwyd llawer o'r ddrama a phobl Llithfaen oedd llawer o'r ecstras. Un o Lithfaen oedd tad Emlyn ac mae'n siŵr mai dyna pam y dewisodd o'r lleoliad. Ond mi fu Llithfaen hefyd yn bwysig yn fy mywyd innau. Yno i raddau y taniwyd y diddordeb a wnaeth imi droi at actio. Yn hogyn ifanc mi fyddwn yn mynd yno ar fy moto beic at Robert John Williams, Bryn Meirion i ddysgu adrodd. I Robert John y mae'r diolch imi ddechrau mwynhau bod ar lwyfan. Hynny, ymhen amser, arweiniodd at yrfa fel actiwr. Saer coed oeddwn i cyn hynny. Un o'r tai y bûm i'n gweithio arno pan oeddwn i'n brentis saer oedd yr union dŷ cyngor yn Llithfaen lle ffilmiwyd llawer o Oed yr Addewid. Fi oedd wedi codi rhan o 'gartref' Wil Dafis yn y ffilm. Roedd mynd yn ôl i'r un tŷ i ffilmio yn cau'r cylch yn grwn.

Olwyn Fawr Rhagluniaeth fasa Nhad wedi galw'r peth. Ac mi oedd yr olwyn honno wedi rhoi ambell dro go dyngedfennol yn hanes Nhad a finnau.

17

O Gaeredin i'r Congo

Dechrau trychinebus gafodd y rheilffordd newydd o Gaernarfon i Afonwen. Doedd hi ddim hyd yn oed wedi ei hagor yn swyddogol yn 1866 pan drefnwyd trên arbennig i gario cannoedd o bobol Eifionydd i Sasiwn yr Hen Gorff yng Nghaernarfon. Ar y ffordd adre aeth y trên gorlawn oddi ar y cledrau ger pentref Bryncir. Lladdwyd chwech o bobol ac aed â dwsinau o'r rhai oedd wedi brifo i dafarn y Bryncir Arms i drin eu clwyfau. Yn ôl y sôn roedd un o gwsmeriaid y dafarn, gwas ar ffarm Coedcae Du, wedi dychryn cymaint nes bod ganddo'r atal dweud mwyaf dychrynllyd erbyn cyrraedd adre. Fedra fo ddim siarad gair, ond yn y diwedd mi lwyddodd i *ganu*'r hanes. Mi glywais y stori droeon pan oeddwn i'n blentyn.

Bu rhai o'r teithwyr yn ddigon lwcus i fod wedi gadael y trên cyn y ddamwain. Yn eu plith roedd gŵr a gwraig ifanc, a babi ym mreichiau'r fam, ar eu ffordd adre o'r Sasiwn. Roedd y teulu'n byw ar y pryd mewn tŷ o'r enw Pen-yr-yrfa yn Nhal-y-sarn, Dyffryn Nantlle. Felly roedd y tad a'r fam a'r bychan wedi gadael y trên ym Mhen-y-groes, ddwy stesion cyn cyrraedd Bryncir. Enw'r babi oedd Robert Henry Jones. Ar ôl tyfu'n ddyn daeth yn fwy adnabyddus trwy'r ardal dan ei enw barddol, Cennin. Ac er nad oedd yna unrhyw berthynas rhyngddon ni o ran gwaed, mi ddois innau, flynyddoedd maith wedyn, i'w adnabod fel fy nhad. Fo oedd y dylanwad mwyaf fu arna i'n blentyn, ar lawer ystyr yr *unig* ddylanwad. Pe bai'r babi bach hwnnw wedi colli'i fywyd yn y ddamwain trên mi fyddwn i'n dal mewn bodolaeth. Ond fyddwn i ddim yn Jones nac yn Gymro. Mae Cennin felly'n llawn haeddu pennod iddo'i hun.

Yng nghanol cwmwd Eifionydd mae Mynydd y Cennin ac ar lethrau'r mynydd mae tyddyn bach o'r enw Allt y Ffynnon. Yno y magwyd Nhad, wedi i'r teulu symud o Ddyffryn Nantlle pan oedd o'n bedair oed. Oddi wrth y mynydd y cafodd ei enw barddol. O ble y cafodd Mynydd y Cennin ei enw sy'n gwestiwn arall. Prin ei fod yn ddigon mawr i haeddu'i alw'n fynydd, a chlywais i erioed sôn am gennin na fawr o ddim byd arall yn tyfu arno. 'Hen ochor heb ddim dyfn tir', fyddai disgrifiad cwynfanllyd un o'r hen drigolion. A doedd Allt y Ffynnon yn fawr o le i ffarmio; rhyw grystyn o dir oedd yn o lew ar gyfer pori ond yn cynhyrchu fawr o ddim byd arall. Ond o leiaf mae'r olygfa oddi yno'n werth ei gweld. Mae fel bod mewn awyren wrth i chi edrych i lawr ar gwmwd Eifionydd: Mynydd Ednyfed, Moel y Gest, Mynydd y Garn, Moel Hebog, Bryncir, a draw am Ben Llŷn ac Abersoch. Roedd yn lle braf yn yr haf ond mi fedrai fod yn ddychrynllyd o anial yn y gaeaf. Fel hyn y disgrifiodd Cennin hen gartref ei blentyndod:

> Nid hawdd anghofio tyddyn
> A'i wedd dan yr eira'n wyn,
> A llawr pridd ydoedd iddo,
> Eiddew yn dew ar ei do.

Roedd Cennin yn un o bump o blant, tri brawd a dwy chwaer. Bu farw'i ddau frawd yn ifanc, ond mi ddois innau i adnabod ei ddwy chwaer, Laura a Margiad. Fuo fo ddim yn yr ysgol ryw lawer erioed – dwn i ddim gafodd o flwyddyn i gyd yn Ysgol Ynys yr Arch ym Mwlchderwin. Ond mi ddysgodd ddarllen yn yr ysgol Sul ym Mrynengan a daeth yn ddarllenwr mawr. Daeth hefyd i ddeall y cynganeddion a datblygu'n fardd gwlad digon teilwng. Mae cadair a medal aur enillodd o mewn eisteddfodau yn dal gen i heddiw. Yn Eisteddfod Hermon, Mynydd Llandygái yn 1939 y cafodd o'r gadair, am awdl ar y testun 'Hen Gynefin'. Darn o honno ydi'r disgrifiad yna o'i hen gartref ar Fynydd Cennin. Yn Eisteddfod y Pasg, Cricieth yr enillodd o'r fedal. Mae honno dros y blynyddoedd wedi gweld llawer i lwyfan noson lawen a stiwdio deledu. Dyna'r fedal fydd yn hongian ar y tsiaen ar frest Ifas y Tryc wrth iddo ddoethinebu gerbron y genedl.

Pan oedd Nhad yn hogyn bach roedd 'na lawer o hela yn yr ardal, ac roedd 'na un stori y byddai wrth ei fodd yn ei dweud. Roedden nhw wedi plannu swêds ar ddarn o dir o dan y tŷ a beth oedd wedi dod yno i wneud ei chartre ynghanol y swêds ond sgwarnog. Roedd hi wedi dofi digon iddyn nhw fedru mynd yn agos iawn ati, a siarad efo hi. Roedd Cennin yn meddwl y byd o'r hen sgwarnog fach. Rhyw ddiwrnod mi glywyd sŵn cŵn hela, a beth welson nhw ond helfa'r Ymwlch yn carlamu o'r gwaelodion i fyny yn nes ac yn nes at y tŷ, a sgwarnog yn rhedeg o'u blaenau. Dyma Cennin yn gweiddi ar ei fam, 'Sgwarnog *ni* ydi hi.' Dyma'i fam yn dod allan o'r tŷ ac yn agor ei ffedog, y sgwarnog yn neidio i mewn, a hithau'n cau ei ffedog arni. Pwy gyrhaeddodd ond sgweiar Ymwlch ar gefn ei geffyl, ac yn gweiddi'n ddigon sarrug ar y plentyn,

'Ble mae'r pry?'

'Mae o yn ffedog mam,' meddai yntau.

'Gollyngwch y pry!'

'Na wnaf. Sgwarnog ni ydi hi'.

Daeth yr hen ddyn i lawr o gefn ei geffyl. Cerddodd at yr hogyn a thynnu sofran allan o boced ei wasgod. 'Hwda,' medda fo. 'Gofala di am dy fam, a gofala am y pry.' Dyma fo'n neidio ar gefn ei geffyl ac i ffwrdd â fo a'i helfa.

Prentisiwyd Cennin yn saer coed yn Ael-y-Bryn, Bryncir, lle daeth yn arbenigwr ar wneud olwynion trol. Wedyn dechreuodd grwydro i ble bynnag y byddai gwaith i'w gael. Bu'n saer ym mhwll glo Aberpennar ym Morgannwg, ac ar y dociau yn Lerpwl yng nghyfnod Gwilym Deudraeth. Roedd o'n gyfaill mawr i'r bardd a'r cymeriad hwnnw, ac mae 'na un darn o farddoniaeth aruchel wedi ei gyfansoddi ar y cyd gan y ddau. Roedd Cennin wedi bod yn canlyn rhyw ferch o Sir Fôn ac wedi cael ei dderbyn i'r tŷ. 'Mi wnawn ni englyn amdani,' meddai Gwilym Deudraeth wedyn. 'Gwna di dy bwt ac mi wna inna 'mhwt.' A dyma Cennin yn adrodd:

> 'Gwin y lle a gwenau llon – a gefais,
> Hir gofiaf y noson,
> A hyfryd deimlo dwyfron
> A choesau'r ferch o Sir Fôn.'

'Englyn go lew,' medda Deudraeth. 'Ond fel hyn baswn i wedi'i orffan o:

Minnau yn dweud y manion,
Es ar y ferch o Sir Fôn.'

Roedd Cennin wrth ei fodd efo rhyw godl fel yna. Ond roedd 'na lawer mwy o waelod ynddo fo na phethau felly hefyd. Ac er ei fod o'n ddyn siriol a llawen mi gafodd ddigon o groesau yn ystod ei oes.

Yn 1900 priododd Laura Morris, merch ffarm y Glyn, Llanystumdwy, ac aeth y ddau i fyw i Bwllheli. Ond bu hi farw ymhen blwyddyn yn chwech ar hugain oed, ar enedigaeth plentyn. Collwyd y plentyn hefyd. Soniodd Cennin am y profiad hwnnw yn ddiweddarach mewn englyn cydymdeimlad a anfonodd at y bardd Eifion Wyn wedi iddo yntau golli ei fab:

Am un annwyl mi wn innau – a'i fam,
    Ond mor fyr y gwenau;
I'm hannedd er fy mhoenau
Duw wnâi ddod a dwyn y ddau.

Mae ateb y bardd o Borthmadog 'i englynion trallodus Cennin' wedi ei gyhoeddi yng nghyfrol Eifion Wyn, *O Drum i Draeth*:

Cofio'r gwin, cofio'r gwenau – yr ydwyt
    Ond rhedeg mae'r dagrau,
Dihareb ing dy eiriau,
'Duw wnâi ddod a dwyn y ddau'.

Priododd Cennin eilwaith gyda Rachel Griffith, a dal i fyw ym Mhwllheli. Dwi ddim yn gwybod llawer o'i hanes hi, ond bu hithau farw. Pan dorrodd y Rhyfel Mawr ac yntau eto'n ŵr gweddw aeth i weithio i Lundain gyda chwmni awyrennau Handley Page. A phan ddaeth galwad am seiri coed i helpu'r ymgyrch ryfel yn Ffrainc aeth yntau wedyn i weithio efo cwmni o beirianwyr sifil yn Abbeville. Codi adeiladau i'r fyddin oedd y gwaith, am y cyflog anferth bryd hynny o bunt y diwrnod. Ar ôl i'r rhyfel orffen aeth efo'r un cwmni i'r Alban i weithio ar bont reilffordd y Forth. Dyna pryd y rhoddodd olwyn fawr Rhagluniaeth dro annisgwyl arall i'w fywyd.

Roedd Cennin wedi teithio o Lundain i Gaeredin ar y trên, taith lafurus heb na bwyd na diod. Pan gyrhaeddodd y Waverley Station yng Nghaeredin roedd o bron â llwgu. Roedd bwyd yn dal yn brin oherwydd y rhyfel. Roedd 'na system 'dockets', rhyw fath o ddogni, yn dal mewn grym. Wrth ddringo'r grisiau hir allan tua'r stryd mi welodd dŷ bwyta, y Steps Cafe. Aeth i mewn ac eisteddodd i lawr. Dywedodd wrth y ferch a ddaeth i gymryd ei archeb nad oedd o ddim wedi bwyta ers gadael Llundain, a gofynnodd iddi a fyddai modd cael tipyn mwy o fwyd nag oedd i fod i gael ei ganiatáu ar y docets. 'Mi ofynna i i'r *manageress*,' meddai hithau. Daeth yn ôl a dweud bod y rheolwraig wedi caniatáu'r cais, a mwynhaodd Cennin ei wledd.

Roedd y cwmni roedd o'n gweithio iddyn nhw wedi trefnu lletty iddo mewn tŷ, 14 Oxford Street, Newington, Caeredin, ac ar ôl ei bryd bwyd mi aeth draw yno. Hen wraig oedd yn cadw'r lle, ac roedd ganddi ddwy ferch, un yn byw adra efo'i mam a'r llall yn orweddedig mewn ysbyty. Ar ôl iddo ddechrau cynefino â'i lety, pwy gerddodd i'r tŷ ond y ferch, Daisy, a dyma'i mam yn ei chyflwyno i Robert Henry Jones. Dyma'r ferch yn edrych arno'n syn ac yn holi ai fo oedd y Robert Henry Jones oedd wedi gofyn am fwyd ychwanegol yn y Steps

Cafe. Ie, meddai Cennin, roedd y 'manageress' yn garedig iawn. 'As it happens,' medda hithau, 'I am the manageress.' Roedd hi'n cofio gweld ei enw ar y docets bwyd.

Roedd 'Daisy' neu Rebecca Marr wedi ei geni a'i magu mewn lle o'r enw North Berwick, ac mi briododd fachgen lleol o'r enw William Thorburn, oedd yn filwr yn y Seaforth Highlanders. Roedd hwnnw wedi cael ei ladd ym mrwydr gyntaf y Somme yn 1916 a'i gadael hithau'n wraig weddw. Daeth hi a Cennin yn ffrindiau a'r diwedd fu iddyn nhw briodi. Mi aethon yr holl ffordd i Lundain ar eu mis mêl, a galw yn 10 Downing Street i edrych am Mrs Lloyd George, oedd â chysylltiad teuluol efo Cennin. Roedd chwaer i dad Cennin wedi priodi ewythr i Dame Margaret, fel y cafodd ei hadnabod yn ddiweddarach. Trwy'r cysylltiad hwnnw roedd Cennin wedi bod yn berchen unwaith ar siwt oedd wedi cael ei throi heibio gan Lloyd George, ac wedi ei gwisgo i arwain ei gyfarfod llenyddol cyntaf erioed yng nghapel Cwm Coryn. Ta waeth am hynny, mi gafodd y pâr priod fynd drwodd i'r gegin yn Nymbar 10, lle'r oedd pawb o'r staff yn siarad Cymraeg. A dyma'r Prif Weinidog ei hun yn dwad drwodd o'r Cabinet Room i'w cyfarfod. 'Wel Cennin, pwy 'di hon?' meddai Lloyd George. 'Hon,' meddai Cennin, 'ydi'r wraig newydd.' 'Bobol annwl, Cennin,' meddai Lloyd George, 'sawl gwraig ydach chi isio?' 'Dim ond un,' medda Cennin, 'tasa hi'n para!'

Mi fu Nhad yn byw yng Nghaeredin am ryw ddeng mlynedd i gyd. Dwi ddim yn siŵr beth yn union oedd ei waith o ar Bont y Forth, os nad gwneud 'shutters' coed ar gyfer concrit. Beth bynnag oedd y dasg mi achosodd un anffawd ddigon annifyr, y gwelais innau ei heffaith flynyddoedd wedyn. Roedd Nhad a finnau wedi mynd am dro i'r Alban, a reit yng nghanol Princes Street, Caeredin, dyma fo'n dechrau cael rhyw boenau mwya ofnadwy. Roedd ei lengid o wedi disgyn. 'Dos i chwilio am botel bach o frandi i mi,' medda fo a rhoi arian i mi. Welais i erioed mohono fo'n yfed diod feddwol na chynt nac wedyn. Cefais dipyn o drafferth i'w ddarbwyllo nhw yn y siop i werthu potel imi, a finnau ond yn rhyw un ar ddeg oed. Ond mi gefais un yn y diwedd, ac mi roddodd Cennin glec iddi. Fanno roedd o â'i goesa i fyny'n yr awyr ar ochor rhyw wal, yn gweiddi mewn poen ac yn straffaglu i gael ei lengid yn ôl i'w le. Roedd y difrod wedi'i achosi pan oedd o'n gweithio ar Bont y Forth. Sefyll ar gwch yr oedd o ac yn colbio rhyw bowltan i'w lle, pan aeth y cwch i ffwrdd o dano fo wrth iddo roi'r slap. Mi ruthrodd am raff i afael ynddi, ac mi glywodd ei lengid yn torri.

Mi aeth i chwilio am waith amgenach ar ôl y profiad hwnnw. Dyma nhw'n gofyn iddo yn y cyfweliad, 'Are you a wheelwright?' 'Yes,' medda fynta. Dyna'r union grefft roedd o wedi'i ddysgu pan oedd o'n brentis yn y gweithdy saer ym Mryncir. Roedd ei droliau fo i'w gweld ym mhobman ar ffermydd Eifionydd. 'There you are then, take the adze', meddan nhw, a rhoi neddau iddo fo. Rhyw arf tebyg i fwyell efo tro arni ydi neddau; mae'n torri at allan bob amser er mwyn gwneud rhywbeth yn grwn, ac yn beryg bywyd os nad ydi rhywun yn deall sut i'w defnyddio. Unwaith y gwelson nhw Cennin yn trin y neddau roedden nhw'n gwybod ei fod o wedi cael ei ddysgu'n iawn. Mi gafodd y job, a chael gwisgo het galed wen i ddangos ei fod o'n grefftwr. Ac yno y buo fo'n gwneud olwynion ar gyfer gynnau rhyfel a wageni am rai blynyddoedd, cyn mynd i weithio ar rai o'r tai crand 'ma oedd yn cael eu codi yng Nghaeredin.

Roedd o erbyn hyn yn ddigon cartrefol yn y ddinas, ac er mai digon bratiog oedd ei Saesneg mi gafodd ei godi'n flaenor yn eglwys St Leonards yn Newington. Ond roedd ei gysylltiad â Chymru'n dal yn gryf. Byddai'n ysgrifennu'n achlysurol i 'Manion o'r Mynydd', colofn Carneddog yn yr *Herald Cymraeg*, dan y teitl Llythyr o'r Alban.

Pan ddaeth yn amser i Cennin ymddeol mi benderfynodd o a'i wraig ddod i fyw i'w hen gynefin yn Eifionydd. Efo nhw mi ddaeth Mary Marr, chwaer Daisy, oedd yn dal yn orweddog. Roedd ganddi wely arbennig oedd yn troi'n rhyw fath o goets i fynd â hi o gwmpas. Daethant i fyw o fewn canllath i stesion yr Ynys, mewn tŷ o'r enw Congo House. Roedd y tŷ wedi cael ei enw oherwydd cysylltiad efo'r Parchedig William Hughes, dyn o'r ardal oedd wedi mynd yn genhadwr i'r Congo a dod i adnabod H. M. Stanley, y Cymro gafodd y cyfarfyddiad enwog hwnnw efo David Livingstone. Y gred ydi bod William Hughes adra ar ei wyliau o'r Congo pan gafodd Congo House ei godi, ac mai fo oedd wedi awgrymu'r enw. Roedd yno siop fechan yn Congo House pan symudodd Cennin a'i wraig yno, ac mi fu yntau'n cadw'r siop tra buon nhw'n byw yn y tŷ. Ychydig flynyddoedd ar ôl iddyn nhw symud i Eifionydd bu farw Mary ac fe'i claddwyd ym mynwent Chwilog, yn bell iawn o'i chynefin yn yr Alban.

Roedd Cennin erbyn hyn wedi croesi'r trigain oed, a'i

wraig ugain mlynedd yn ieuengach. Cyn bo hir ar ôl iddyn nhw gartrefu yn y Congo mi gaed hergwd arall gan yr hen Olwyn Fawr. Daeth llythyr i Congo House o'r Alban, oddi wrth Miss Mary Cargill, gwraig gefnog yr oedd Daisy wedi bod yn gweithio iddi ar un adeg fel cogyddes. Holi roedd hi yn y llythyr a fyddai ganddyn nhw ddiddordeb mewn cymryd babi bach i'w fagu. Ar ôl tipyn o drafod mi benderfynwyd derbyn y cynnig. Yn un peth mi fyddai magu'r plentyn yn dod ag incwm ychwanegol iddyn nhw, a Cennin ddim eto wedi dechrau derbyn ei bensiwn.

Cyrhaeddodd y diwrnod tyngedfennol pan aeth Daisy i ddal y trên i Gaeredin i gyfarfod Miss Cargill, a gweld y babi. Doedd dim modd cysylltu yn y dyddiau di-deliffon hynny, ac mae'n siŵr bod Cennin wedi cnoi tipyn ar ei ewinedd yn y deuddydd neu dri canlynol. Roedd o ar blatfform yr Ynys yn brydlon yn ei disgwyl hi'n ôl ar yr amser penodedig. Cyrhaeddodd y trên, daeth Daisy i lawr a rhoi ei holl fagiau ar y platfform. Ond doedd dim golwg o unrhyw fabi. Roedd Cennin yn meddwl bod rhywbeth wedi mynd o'i le. Ac wedyn mi glywodd ryw wich egwan wrth ei draed. Beth oedd yno ond basged fach a wnaed o wellt, ar lawr yng nghanol y paciau eraill. Wedi ei lapio tu mewn i'r fasged roedd babi hanner blwydd oed. Felly, fel Moses yn ei gawell, y cyrhaeddais innau, nid yn yr hesg ar lan Afon Nîl, ond ar blatfform stesion yn Eifionydd.

Y Rhieni Eraill

Mi gofiaf tra bydda i byw y diwrnod hwnnw yn fuan ar ôl imi gael fy mhen-blwydd yn bymtheg oed. Pan gyrhaeddais i adre o'r ysgol ym Mhorthmadog dyma Nhad, oedd yn 78 oed erbyn hyn, yn dangos llythyr i mi. 'Mae isio iti ddarllen hwn,' medda fo. 'Mi gyrhaeddodd heddiw o Sgotland.'

Llythyr oedd o oddi wrth Adelaide Bremner a David McEwan. Y cyfeiriad oedd 14 Abbey Road, Perth. A'r neges oedd bod eu cyfrifoldeb ariannol nhw drosta i wedi dod i ben ar ddiwrnod fy mhen-blwydd, ond eu bod nhw'n cynnig i mi fynd i fyny i fyw atyn nhw yn yr Alban os oeddwn i'n dymuno hynny. Arwyddocâd y llythyr, er nad oedden nhw'n dweud hynny mewn geiriau, oedd mai nhw oedd fy nhad a mam.

Mae'n anodd disgrifio'r hyn oedd yn gwibio trwy fy mhen i'r funud honno. Yn sydyn roedd pethau oedd wedi bod yn llechu ym mhen draw fy meddwl trwy'r blynyddoedd yn dechrau gwneud synnwyr. Roeddwn i'n gwybod bod rhai pethau'n wahanol yn fy sefyllfa i i bawb o'n cwmpas ni yn Rhoslan, ond fedrwn i ddim dyfalu beth. Roedd yr enw 'Stewart' yn wahanol i bob enw arall yn yr ardal. Roedd Nhad yn llawer hŷn na rhieni fy nghyfoedion. Ac mi fyddai'r postman yn dod ag amlen o'r Alban unwaith y mis trwy'r blynyddoedd. Mi fyddwn i'n darllen ambell un o'r llythyrau pan oeddwn i tua naw neu ddeg oed. Y 14 Abbey Road yma fyddai'r cyfeiriad ar y rheini hefyd. Mi fyddai arian yn yr amlen – 'pres Sgotland' fydda Nhad yn ei alw. Ac er nad oedd gen i lawer o ddiddordeb yng nghynnwys y llythyrau roeddwn i'n synhwyro bod a wnelo nhw rywbeth â fi, ac yn dal sylw ar ambell frawddeg fel 'How is the boy?' Roeddwn i hefyd wedi teimlo rhyw ysfa ryfedd ac anesboniadwy trwy 'mhlentyndod i fod yn Albanwr. Mae'n wir y byddai Nhad yn hoff o sôn am ei gyfnod yn yr Alban ac yn mynd â finnau yno weithiau am wyliau. Ond doedd hynny ddim yn egluro'r teimlad yn llawn.

Doedd Nhad erioed wedi esbonio dim byd am fy nghefndir a doeddwn innau erioed wedi holi. Doeddwn i ddim yn siŵr beth oedd yna i holi yn ei gylch. Wnaeth o ddim egluro mewn geiriau y tro yma chwaith – mae'n debyg na fedra fo ddim – dim ond rhoi'r llythyr i mi i'w ddarllen. Ac mae'n siŵr ei fod o mewn gwewyr wrth aros am fy ymateb.

'Wel, beth wyt ti am wneud?' medda fo'n ddigon nerfus.

Er mai lle digon llwm oedd Rhoslan yn y dyddiau hynny dyna'r unig fyd y gwyddwn i amdano a doeddwn i ddim awydd ei adael. Doedd yr uchelgais i fod yn Albanwr ddim yn berthnasol y funud y sylweddolais mai dyna oeddwn i mewn ffordd. Roedd hwn yn benderfyn-iad rhy fawr a rhy sydyn, a'r cynnig i ymuno â fy rhieni iawn wedi dod yn rhy hwyr. Pobol ddieithr oeddan nhw, tad a mam neu beidio.

'Dwi ddim am wneud dim byd,' medda fi. 'Dwi ddim am symud o 'ma.' Mae'n siŵr bod hyn yn dipyn o ryddhad i Cennin, ond does gen i ddim cof iddo ddweud llawer o ddim.

Doedd y llythyrau misol ddim yn cyrraedd ar ôl hynny. Roedd yn amlwg mai arian i dalu am fy lle oedd y 'pres Sgotland'. Mi gymrodd dipyn o amser i mi ddod dros y sioc o wybod rhywbeth pendant am fy nghefndir. Er y buasai'n well gen i pe bai Cennin wedi dweud yr hanes wrtha i'n gynt, roeddwn i'n cydymdeimlo efo fo. Wedi methu dweud yr oedd o. Fedra i ddim dweud bod y darganfyddiad wedi newid dim ar ein perthynas nac ar gwrs fy mywyd. Ond roedd yr awydd wedi ei danio i wybod mwy am fy ngwreiddiau, ac am yr amgylchiadau oedd wedi gwneud Stewart Whyte McEwan o Gaeredin yn Stewart Jones o Eifionydd.

★ ★ ★

'A woman of private means' oedd y disgrifiad o Miss Mary Cargill ar ei thystysgrif marwolaeth. Chefais i erioed wybod beth yn union oedd y 'private means', ond mi wn iddi adael miliwn a chwarter o bunnau yn ei hewyllys pan fu farw yn 1963. 'Ironmonger's secretary' oedd y disgrifiad o'i thad ar ei thystysgrif marwolaeth ac mae'n rhaid bod honno'n job yn talu'n dda. 'Ironmonger' i mi oedd Siop yr Eifion yng Nghricieth, ond mae'n siŵr bod 'na fwy i'r busnes na hynny. Mi wn hefyd na welais i, a fu yn ei gofal am chwe mis cyntaf fy oes, yr un ddimai o gyfoeth teuluol Miss Cargill.

Wnaeth hi mo fy niarddel i chwaith. Fe gadwodd gysylltiad efo'n teulu ni yn Eifionydd trwy'r blynydd-oedd. Dwi'n cofio Rolls Royce efo 'chauffer' mewn lifrai nefi blw a chap pig yn parcio tu allan i'r tŷ yn Rhoslan, a finnau'n methu deall pwy oedd y ddynes gyfoethog 'ma ddaeth at y drws. Flynyddoedd wedyn, ar ôl imi ddeall pwy oedd hi a beth oedd y cysylltiad, mi fûm innau'n mynd i'w gweld hithau yn yr Alban yn weddol reolaidd tan ei marwolaeth. Roedd hi a'i chwaer Rose yn treulio'r haf mewn tipyn o steil mewn tŷ yn Aboyne, 25 milltir o Aberdeen a heb fod ymhell o Balmoral. Yn y gaeaf mi fydden nhw'n symud tua'r de i gartref arall oedd ganddyn nhw yng Nghaeredin. Roedden nhw hefyd yn reit hoff o fynd ar fordeithiau i bellafoedd byd. Rwy'n cofio cael cardiau ganddi o lefydd yn Affrica, India ac America, ac amryw byd o Cannes yn Ne Ffrainc. Dros lymaid o port yn y tŷ o'r enw Crois Crag yn Aboyne yr eglurodd hi i mi sut y bu i mi ddod i'w gofal hi yn y lle cyntaf.

Tua 1928 roedd Miss Cargill, yn ei geiriau ei hun, wedi cael 'nervous breakdown'. Sut oedd dynes fel hi efo cymaint o fodd yn cael peth felly mae'n anodd deall, ond dyna beth gafodd hi. Ac ar ôl i bob meddyginiaeth arall fethu mi awgrymodd rhywun iddi y byddai'n beth da iddi drio cymryd plentyn i'w fagu, er mwyn mynd â'i meddwl oddi ar beth bynnag oedd yn ei phoeni. Mi benderfynodd hithau ddilyn y cyngor.

Ar yr union adeg honno mi anwyd babi yn y Queen Mary's Nursing Home yng Nghaeredin. Roedd ei rieni wedi penderfynu ei roi i ffwrdd i gael ei fagu gan rywun arall. Y ddwy fydwraig oedd yno adeg y geni oedd Nyrs Stewart a Nyrs Whyte. Enw tad y plentyn oedd David McEwan. Dyna sut y cafodd Stewart Whyte McEwan ei enw.

Roedd pobol gyda chyfoeth Miss Cargill yn medru

cael eu ffordd eu hunain yn y rhan fwyaf o bethau, ac roedd hi'n medru trefnu'n ddigon di-lol i gael y plentyn 'ma. Roedd hi hefyd yn gwneud llawer o waith gwirfoddol, a thrwy hynny wedi dod i gysylltiad â Miss Orr, metron y Queen Mary's Nursing Home. Oni bai am y cysylltiad hwnnw mae'n debyg y byddwn innau wedi cael fy magu mewn cartre Doctor Barnados yng Nghaeredin. Yn lle hynny rhoddwyd fi yng ngofal Miss Cargill. Roedd Miss Orr hefyd yn dal i gofio amdana i yn ystod fy mhlentyndod. Byddai hithau'n sgwennu at Cennin ryw unwaith y flwyddyn i holi fy hynt a'm helynt.

Er gwell neu er gwaeth mi weithiodd y feddyginiaeth i Miss Cargill. Ar ôl ychydig fisoedd roedd yr iselder wedi diflannu. Mae'n amlwg nad oedd ganddi ddim bwriad i gadw'r plentyn ar ôl hynny, ond y benbleth oedd beth i'w wneud efo fo. Doedd pwy bynnag oedd wedi awgrymu'r tonic ddim wedi'i rhybuddio hi am y broblem honno. Ond mi gofiodd Miss Cargill am Daisy Marr, y ferch oedd wedi bod yn gogyddes iddi flynyddoedd ynghynt. Er i Daisy orfod mynd i wneud pethau eraill adeg y rhyfel roedd y ddwy wedi cadw mewn cysylltiad. Erbyn hyn roedd hi'n Daisy Jones, a'i gŵr a hithau wedi symud i Gymru. Roedd Cennin yn ei chwedegau a Daisy ugain mlynedd yn iau. Roedd profedigaethau wedi gadael y ddau'n ddi-blant, a braidd yn hen i ddechrau cenhedlu. Yn yr Alban roedd traddodiad o anfon plant i gael eu magu gan deuluoedd eraill tra'n dal yn blant cyfreithlon i'w rhieni naturiol, a fyddai'n talu am eu cadw. Plant maeth oedden nhw, nid plant mabwysiedig. Cysylltodd Miss Cargill efo Cennin a Daisy i ofyn fuasai ganddyn nhw ddiddordeb mewn gofalu am y plentyn oedd wedi helpu i wella'i hiselder. Doedd rhyw bunt y mis ddim yn gyflog rhy ddrwg yng nghanol caledi Eifionydd y dyddiau hynny. Dyna'r trefniant ddaeth â fi o Gaeredin i Congo House.

O dipyn i beth mi ddaeth y Jones i mewn i fy enw, heb ei gofnodi ar unrhyw ddogfennau cyfreithiol. Stewart Whyte McEwan ydw i hyd heddiw ar bopeth swyddogol. Ac fe allai pethau fod yn waeth. Pe bai Miss Cargill wedi cael ei ffordd, meddai hi wrtha i flynyddoedd wedyn, mi fyddai wedi fy ngalw fi'n George.

★ ★ ★

Pwy'n union oedd y wraig yma oedd wedi rhoi genedigaeth i mi yn y Queen Mary's Nursing Home? Beth oedd yr amgylchiadau oedd wedi dod â fi i'r byd, a pham y penderfynwyd fy rhoi i ffwrdd? Mi gymrodd flynyddoedd o waith ditectif i ddod â'r jig-so hwnnw at ei gilydd. Roedd enwau'r rhieni yn hysbys imi, diolch i'r llythyrau hynny o'r Alban yn fy mhlentyndod. Doedd Miss Cargill ddim yn eu hadnabod nhw'n bersonol ond roedd hi'n gwybod rhywfaint amdanyn nhw ac mi fu'n dipyn o help efo'r ymchwil.

Mi gefais wybod ymhen amser mai athrawes ysgol oedd fy mam, Adelaide Bremner, ac iddi gael ei magu ar ffarm 380 acer ac iddi'r enw diddorol Alehouse Wells, yn Kemnay, pentref ryw ddeuddeng milltir o Aberdeen ar y ffordd am Dundee. Roedd yn un o dair o ferched a thri o feibion. Yr hyn fyddai ei thad yn ei wneud, yn ôl yr hyn ydw i'n ei gasglu, oedd rhoi addysg i'r genethod a chadw'r meibion yn ôl er mwyn eu cael nhw adra i weithio ar y tir. Roedd y merched i gyd wedi mynd yn athrawon, fy mam i dref Crieff, ryw bymtheng milltir o Perth.

Mab ffarm oedd fy nhad, David McEwan hefyd. Roedd y teulu hwnnw'n ffarmio mewn lle o'r enw Keillor, yn ardal Methven, hanner ffordd rhwng Crieff a Perth. Rywfodd mi ddaeth y ddau at ei gilydd a dechrau canlyn. Diwedd y gân oedd i mi ddod i'r byd. Doedden nhw ddim yn briod ac roedd yn rhaid cuddio'r peth. Ac felly yr aeth hi i lawr i Gaeredin i roi genedigaeth, er mwyn fy nghadw fi o'r golwg. Ond y syndod oedd i'r ddau briodi flynyddoedd wedyn a dod i fyw fel gŵr a gwraig. Pam na fuasen nhw wedi priodi'r adeg honno yn 1928? Yr eglurhad a gynigiwyd i mi oedd hyn: yn yr oes honno, os oedd athrawes ysgol yn priodi roedd yn rhaid iddi roi'r gorau i'w gwaith. Yn 1945 y penderfynon nhw briodi. Roedd hi erbyn hynny'n cyrraedd ei thrigain, oed ymddeol. Felly doedd priodi'n amharu dim ar ei gyrfa.

Ddeng mynedd ar ôl iddyn nhw briodi y cefais i lawer o'r wybodaeth honno gan Miss Cargill. Roeddwn i'n 26 oed ar y pryd ac wedi mynd i'w gweld oherwydd bod Cennin newydd farw, a bod yna faterion cyfreithiol i'w trafod. Roedd hi wedi clywed bod David ac Adelaide McEwan yn byw mewn lle o'r enw Old Scone yn ardal Perth ar ôl iddyn nhw briodi. Mi gododd y newydd hwnnw ryw awydd cryf arna i am gael gwybod mwy amdanyn nhw.

I ffwrdd â fi felly i Perth i edrych ar y rhestr etholwyr. Mi ddois o hyd i'w cyfeiriad heb fawr o drafferth. Yn swyddfa'r cofrestrydd mi ofynnais am gael gweld eu tystysgrif priodas, a chefais afael ar honno hefyd ar fy union. Roedd 'na lawer o wybodaeth yn y dystysgrif – lle'r oedd ei chartre hi, beth oedd enw'i thad a phethau felly. Dyma wneud penderfyniad yn y fan a'r lle. Roedd yn rhaid mynd i'w gweld. A dyna wnes i, heb roi unrhyw rybudd.

Ar ôl i'r tacsi gyrraedd y tŷ mi ddechreuais betruso. Oeddwn i'n gwneud peth call? Roedd o'n hen deimlad od ofnadwy. Ac eto roeddwn i'n ddigon hen. Roeddwn i'n 26, yn briod ac yn dad i ddau o blant. Dyma guro ar y drws a throi fy nghefn. Pan glywais i'r drws yn agor dyma fi'n troi ac yn gweld y ddynes 'ma'n sefyll yn y drws yn fy wynebu fi. Dyma ni'n edrych ar ein gilydd heb ddweud yr un gair. A dyma hi'n disgyn yn ôl yn erbyn y pared. Ac yn llithro i lawr y pared. Mi fu raid imi ei helpu a chael gafael ar gadair iddi o rywle, a dyna lle'r oedd hi mewn hunllef bron. A'r geiriau cynta ddywedodd hi oedd, 'Will you ever forgive me? You've been like the sword of Damocles over my head all my life'. Roedd hi wedi sylweddoli pwy oeddwn i yr eiliad y gwelodd hi fi, cyn i mi ddweud gair.

Dyma fynd i'r tŷ ac eistedd i lawr, ac ar ôl dechrau dod ati ei hun mi ddywedodd gymaint a fedrai hi am hanes ei theulu ac ati. Mi gynigiodd fwyd imi, a finnau'n dweud nad oeddwn i'n bwriadu aros. 'Please don't go,' medda hi. 'I want your father to see you.' Roedd o heb ddod adre o'i waith. Mi esboniodd hithau mai gweithio i'r Weinyddiaeth Fwyd yr oedd o, yn yr adran oedd yn prynu a dosbarthu tatws hadyd. Roedd hi'n ei ddisgwyl adre ymhen rhyw awr. A dyma hi'n mynd ati i baratoi pryd o fwyd ar gyfer y tri ohonom. Ac mi ddechreuodd chwarae'r piano – mi allech ddweud mai athrawes oedd hi – a dweud cymaint fyddai hi wedi mwynhau fy nysgu fi. Roedd hi'n siarad yn ddi-baid, fel tasa hi'n benderfynol o roi cymaint ag a fedrai hi o'i bywyd i mi, a ninnau efo cyn lleied o amser. Doedd hi ddim yn gweld unrhyw ddyfodol yn unlle, ond roedd hi am ddweud cymaint ag a fedrai. Doedd hi ddim yn hunan-feddiannol o gwbl ar y dechrau, roedd hi'n ddigon dryslyd, ond roedd gwneud y bwyd ac ati yn ei chadw hi mewn trefn.

Wedyn mi gyrhaeddodd fy nhad. Dyn tua chwe throedfedd a thua phymtheg stôn faswn i'n dweud, a dyma hi'n egluro iddo pwy oeddwn i. Wnaeth o ddim dweud rhyw lawer. Fuo 'na fawr o siarad rhyngddon ni. Roedd fy mam yn edrych yn ddigon balch o fy ngweld, unwaith y daeth hi dros y sioc. Ond doedd o ddim. Mi ddaeth yn amser imi fynd. 'Where do you want to go?' medda fo'n ddigon sarrug. Mi gynigiodd fynd â fi yn ei gar yn ôl i Perth lle'r oeddwn i'n aros. 'How are you for money?' medda fo yn y car. 'Alright,' medda fi. 'Well you do understand,' medda fo, 'that we can't have you back. Socially it would not be acceptable.' Mi gollyngodd fi ar bont yn Perth. Es allan o'r car. 'Goodbye,' medda fi. Mi gaeais y drws. A dyna'r olwg ddiwetha welais i ar yr un o'r ddau.

Ochor y Cennin

Ychydig iawn o gof sydd gen i am y wraig roeddwn i'n ei hadnabod fel Mam. Mi gafodd Daisy strôc pan oeddwn i tua phump oed ac yn ei gwely y buo hi tan ei marw bedair blynedd yn ddiweddarach. Yn fuan ar ôl i mi fynd atyn nhw roedden ni wedi symud fel teulu o Congo House i Brythonfa, tŷ bychan yn Rhoslan. Mam oedd yr unig un fyddai'n siarad Saesneg yn yr ardal yr adeg honno. Mae'n anhygoel meddwl mai Saesneg, mwy na thebyg, fyddwn innau'n siarad yn blentyn bach ar yr aelwyd, a hynny, o bosib, efo acen Albanaidd. Bron na ddeudwn i mai digon prin ydi'r *Cymry* yn yr ardal erbyn heddiw.

Dau atgof sydd gen i am Mam pan oedd hi o gwmpas ei phethau cyn iddi gael ei tharo'n wael. Pan oeddwn i tua phedair oed roedd hi wedi gwneud potes sgwarnog. Mae'n rhaid ei bod hi wedi arfer gwneud pethau felly pan oedd hi'n coginio i'r byddigion yn yr Alban. Roedd o'n gawl tywyll iawn ei liw, a finnau'n gwrthod ei fwyta. Ond mae'n amlwg mai tywyll oedd o i fod, achos unwaith roeddwn i wedi ei flasu roedd o'n fendigedig. Dyna'r unig dro yn fy oes, hyd y medraf gofio, imi brofi potes sgwarnog.

Dro arall rydw i'n cofio dod adre o rywle a'r tywydd yn oer felltigedig. Roedd fy nwylo i wedi fferru, y grepach mwya ofnadwy arnyn nhw. Be wnaeth Mam ond cael dŵr cynnes a rhoi 'mysedd i yn hwnnw nes eu bod nhw'n dod atyn eu hunain, oedd yn deimlad braf iawn. Er bod gen i rywfaint o gof amdani yn ei gwely, dyna'r unig bethau dwi'n gofio amdani yn ddynes wrth ben ei thraed.

Pan fu hi farw yn 1937 dwi'n cofio Nhad yn mynd â fi i fyny i'w gweld hi yn ei harch. Mae wedi'i chladdu ym mynwent Chwilog efo'i chwaer. A'r unig gof sydd gen i am y cynhebrwng ydi gweld dyn ar ben polyn teliffon yn tynnu'i gap wrth i'r arch fynd heibio.

Roedd yn rhaid i blentyn, wrth gyrraedd ei bump oed, fynd i'r ysgol. Mi es i am gyfnod byr iawn i ysgol Llanystumdwy oedd yn golygu dwy filltir a hanner o gerdded. Y cwbwl dwi'n ei gofio am y lle ydi bod rhyw Miss Whittington yn dysgu yno. Ond pan aeth Mam yn wael, a Nhad â chymaint ar ei ddwylo, mi benderfynwyd y byddai'n haws i mi symud i ysgol Brynengan, reit yng nghrombil Eifionydd ac yn bell o bob man. Roedd rhwng deg ar hugain a deugain o blant yn yr ysgol bryd hynny, y rhan fwya ohonyn nhw'n cerdded yno o bellter mawr. Yn fy achos i roedd newid ysgol hefyd yn golygu newid aelwyd. Yn ystod yr wythnos mi fyddwn yn mynd i aros at ddwy chwaer Nhad oedd yn byw yn hen gartre'r teulu yn Allt-y-Ffynnon ar ochor Mynydd Cennin.

Roedd y trefniant teithio'n un digon cymhleth. Ar fore Llun mi fyddai Nhad yn mynd â fi ar y bws ac yn fy ngollwng yn ymyl Melin Llecheiddior. Mi fydden yn cerdded o'r fan honno at Blas Llecheiddior, ac yn aros yno am Foto'r Bwlch. Rhyw lori neu wagen agored oedd Moto'r Bwlch, fyddai'n cario plant mawr i'r ysgol uwchradd ym Mhen-y-groes. Roedd tarpwlin dros y cefn a meinciau i'r plant eistedd. Mi fyddwn innau'n cael reid ynghanol y plant mawr am ryw filltir a chwarter i Efail y Cennin. Byddwn yn cael cwmni plant eraill i gerdded o'r fan honno i'r ysgol ym Mrynengan. Ar ddiwedd diwrnod doedd hi ddim yn rhy bell i gerdded i dŷ'r ddwy fodryb yn yr Allt. Ond roedd mynd adre i Roslan ar nos Wener ar ôl yr ysgol yn fater gwahanol eto. I ddechrau mi fyddwn yn cerdded yng nghwmni plant Gaerwen, Bryn March a'r Congo ar hyd y Lôn Goed cyn belled â stesion yr Ynys. Oddi yno roedd Nhad wedi trefnu imi gael fy nghario adre i Roslan ar garier blaen beic y postman. Roedd Jack Williams y postman yn gludydd diogel, ac mi ddylai fod, gan ei fod o'n chwarae yn y gôl i dim ffwtbol Caernarfon. Ond mi gafodd Frank, y postman oedd yn gweithio bob yn ail â fo, godwm unwaith ger Pont Bryn Beddau pan oeddwn i yn y carier, nes ein bod ni'n dau yn powlio. Mae gen i fwlch yn fy nant hyd heddiw. Ar wahân i'r anffawd honno roedd y system gludiant yn gweithio'n iawn am wn i.

Cwt sinc oedd ysgol Brynengan, wedi'i banelu tu mewn efo coed. Yn ôl ffasiwn y cyfnod roedd pared yn ei rannu'n ddau, a phan fyddai rhywun yn cael gwers yn un stafell mi fyddai popeth i'w glywed o'r llall. Y diwrnod pwysica yn hanes pob un ohonon ni oedd yr un pan oedden ni'n dechrau sgwennu efo inc yn lle carreg nadd a llechen. Mi fyddai pawb yn fwriadol yn colli tipyn o inc ar ei ddwylo er mwyn dangos i'r byd ei fod o wedi cyrraedd y garreg filltir fawr honno.

Dwi ddim yn cofio imi erioed gael fy nghuro yn Ysgol Brynengan. A dim ond merched oedd yn dysgu yno. Mi fyddai un ohonyn nhw'n trafeilio bod dydd o Ben-y-groes mewn hen Austin 7 bach efo hwd arno fo. Yr athrawes arall oedd Miss Alice Griffith, Ynysgreua, mam Penri Jones, Llanbedrog, y cynghorydd sir ac awdur *Jabas*. Pan oeddwn i'n ffilmio Storiau'r Henllys Fawr yn Llanbedrog yn yr wythdegau mi es i edrych am 'Miss Griffith'. Hwnnw oedd y tro cynta inni weld ein gilydd mewn mwy na deugain mlynedd.

Doedd yna ddim plant yn byw o fewn cyrraedd i mi yn yr Allt nac yn Rhoslan. Byd pobol oedd o, a sgyrsiau pobol oedd o 'nghwmpas i ym mhobman. Ond o leia roedd rhywun yn dysgu gwrando. Mi fydda i'n teimlo nad ydi plant heddiw yn medru gwrando ar sgyrsiau pobol mewn oed.

Doedd gan rywun ddim dewis mewn sefyllfa felly ond diddori ei hun orau galla fo. Pan oeddwn i'n saith neu wyth oed mi gefais wats. Mi fyddwn wedyn yn treulio oriau yn lluchio pêl yn erbyn wal a'i dal, ac yn gweld sawl gwaith medrwn i wneud hynny mewn pum munud, a chreu rhyw dargedi bach felly i mi fy hun. Wrth chwarae ffwtbol mi fyddwn i'n cicio i'r ddau gyfeiriad ac yn sgorio yn y ddau ben. Doedd sgorio gôls byth yn broblem.

Yr unig ddylanwad modern ar aelwyd yr Allt oedd y weiarles. Un wedi'i chael gan Gymdeithas y Deillion oedd hi yn ôl y sôn, un efo 'headphones', a nobiau anferth efo 'braille' arnyn nhw. Doedd dim llawer o drefn arni, mwy o ryw WIWIWIWI na dim byd dealladwy. Ond roedd hi'n codi Droitwich, oedd yn golygu ei bod hi'n uffar o weiarles.

Simnai fawr oedd yno, a setl yn rhedeg i lawr heibio'r tân, bwrdd wrth dalcen y setl, hen gadair wicer, dresal a chwpwrdd gwydr. Roedd un fodryb, Laura, wedi colli ei gŵr yn ifanc – marw o 'sunstroke' yn ôl y sôn – a hi fyddai'n ffarmio'r tyddyn ar ôl hynny. Mi fyddai'n cadw chwech o wartheg ac yn eu godro a thendro arnyn nhw ei hun. Doedd 'na ddim dyn ar gyfyl y lle. Roedd ganddi lais canu da, dwi'n ei chofio hi'n codi canu yng nghapel Brynengan ar adegau, ac roedd 'na sôn ei bod wedi bod yn cystadlu mewn eisteddfodau pan oedd hi'n ifanc.

Begw, neu Margiad, oedd y fodryb arall. Roedd honno'n fethiannus, wedi colli ei chlyw a'i golwg bron yn llwyr ac yn llusgo un droed ar hyd y llawr o ganlyniad i ryw anhwylder pan oedd hi'n ferch ifanc. Yn ei sgil hi y cafwyd y weiarles. Mi fyddai'n rhaid sgwennu popeth i lawr er mwyn i Begw ddeall, ac mi fyddai 'na bensel fawr a phapur sgwennu yn drôr y bwrdd bob amser. Wrth i'w golwg ddechrau pallu cymaint â'i chlyw y dewis wedyn oedd gweiddi nerth esgyrn eich pen, ond fedrai rhywun ddim gwneud hynny trwy'r dydd. Dwi'n meddwl hwyrach mai felly y cefais i'r llais cry 'ma, gweiddi efo Begw pan o'n i'n hen beth bach.

Roedd Begw wedi cael profiad rhyfedd iawn pan oedd hi'n ifanc. Yn ôl y stori roedd hi wedi cerdded uwchben y tŷ i gae o'r enw Weirglodd Mynydd Bychan. Beth welodd hi wrth gerdded ar draws y cae ond tylwyth teg, ac roedd hi wedi bod yn siarad efo un o'r dynion bach. A'r rhyfeddod oedd, pan aed i olrhain y peth wedi iddi hi ddweud yr hanes, mi welwyd bod yna gylch mawr ar y ddaear, yn gochni i gyd, a thyfodd dim byd yno am flynyddoedd. Wrth i'r si fynd ar led mi ddaeth rhyw ysgolheigion o Rydychen neu Gaergrawnt neu rywle i weld y cylch. Roedd pawb yn yr ardal yn gwybod y stori. Ond pan fyddwn i'n holi Begw yn y pen dwaetha am y tylwyth teg roedd hi'n gwrthod sôn gair am y digwyddiad. Roedd fel pe tae yna ryw gyfrinach fawr rhyngddi hi a nhw.

Roedd y ddwy fodryb yn bobol ddiddorol iawn ac yn gwneud eu gorau i 'nghadw fi'n ddiddan er gwaetha'r gwahaniaeth oed. Mi fydden ni'n diddori'n hunain yn chwarae draffts a liwdo ac ati. Doedd 'na fawr o lyfrau yno: y Beibl wrth gwrs, a rhifynnau o *Tywysydd y Plant* wedi eu rhwymo. Erbyn i mi ddod i ddechrau darllen roedd 'na un peth yn y rheini y byddwn i'n cael dipyn o flas arno fo, hanes Joshua'r Ffoadur. Roedd Joshua wedi dengid i Lundain ac roedd hynny'n creu rhyw ramant. Roedd yno gopi o *Robinson Crusoe* wedi'i drosi i'r Gymraeg. A chatalog *Gamages* mawr tew yn llawn o bethau o Oes Victoria: lampau paraffin, pympiau beic, sgriws, bob un dim. Doedd y byd modern ddim wedi dod ar gyfyl Allt y Ffynnon. Roedd yr iaith yn groyw lân, dim gair o Saesneg ar yr aelwyd gan neb, dwi ddim yn credu y medren nhw lawer o Saesneg.

Ym Mrynengan hefyd y bydden ni'n mynd i'r capel. Dim ond un neu ddau fyddai'n mynd yno mewn car; cerdded y byddai pawb arall. Perchennog un o'r ceir oedd y codwr canu, Richard Jones, Gaerwen, neu 'Garwan' fel y bydden ni'n dweud. Pan fyddai taflen y gymanfa ganu'n dod allan mi fyddai Richard Jones a rhyw ddau neu dri arall eisiau ymarfer y tonau ac yn dod i'r Allt gyda'r nos i wneud hynny. Lawer tro mi es i 'ngwely yn sŵn y rhain yn canu'r pedwar llais ar yr emynau. Ddysgodd neb gân i mi, yr unig gerddoriaeth ges i erioed oedd sol-ffa ar ochor wal. Ond mae'n rhaid bod cerddoriaeth yn yr aer yn rhywle. Richard Jones Garwan oedd hen daid Bryn Terfel.

Byddai un cymeriad rhyfedd iawn yn galw yn yr Allt. Mi gyrhaeddai Robat Davies tua hanner awr wedi wyth, cnocio'r drws, dod i mewn, eistedd ar y gadair wicer o dan y simdde fawr, ac yno y bydda fo, heb ddweud na bw na be tra'r oedd o yno am tua awr a hanner. Ac mi âi wedyn. 'Wel, rhaid imi'i throi hi rwan,' fydda'r unig eiriau fydden ni'n glywed ganddo fo. Dim ond gwrando bydda Robat Davies, a chyfrannu dim.

Doedd gwaith y tyddyn ddim wedi newid llawer ers plentyndod Cennin a'i chwiorydd. Y drefn wythnosol oedd godro bob nos a phob bore, dod â'r llaeth i'r tŷ, wedyn roedd eisiau gwahanu'r hufen a'r llefrith. Pan ddois i'n ddigon cry mi fûm innau'n helpu i droi handlan y separetor. Mi fyddai'r hufen yn cael ei gadw ac ar ddiwedd yr wythnos mi fyddai rhaid troi'r fuddai er mwyn troi hwnnw'n fenyn, gwneud y menyn tua dydd Iau a gadael iddo setlo. Roedden nhw'n cadw ieir hefyd. Wedyn bob nos Wener yn ddeddfol iawn mi fyddai'n rhaid mynd â'r menyn a'r wyau dros y mynydd mewn basged wellt, un bob braich, i siop Cae'r Gors, lle byddai'r siopwr yn eu prynu a ninnau'n cael neges yn eu lle nhw. Ar wythnosau lwcus hwyrach y byddai rhywfaint o arian yn sbâr. Dyna oedd y drefn, rhyw grafu byw.

Wyddwn i ddim bod yna fyd y tu hwnt i'n byd bach ni ar ochor y Cennin. Byd pobol mewn oed, yn dweud straeon am ffarmwrs a chapeli a phregethwrs. Ac er mor galed oedd o mewn llawer ffordd, roeddwn i wrth fy modd ar y pryd ynghanol y byd hwnnw.

Rhoslan

Pan fu farw fy Mam yn 1937 daeth cryn dipyn o newid yn fy mywyd. Heb y cyfrifoldeb o edrych ar ei hôl yn ei gwaeledd roedd yn haws i Nhad ofalu amdanaf innau ac felly mi symudais o dyddyn y ddwy fodryb ym Mrynengan yn ôl i Roslan ato fo. Roedd hynny'n golygu newid ysgol unwaith eto – i Gricieth y tro hwn.

Roedd y prifathro yng Nghricieth, Evan R. Davies, yn athro da iawn. Roedd o hefyd yn dipyn o actor ac yn cymryd rhan mewn dramâu lleol, er mai ychydig fydda fo'n sôn am hynny wrthon ni. Ond dwi'n ei gofio fo'n dangos inni sut y byddai gwahanol bobol yn cerdded: ffarmwr yn codi'i draed yn uchel rhag iddyn nhw fynd yn sownd yn y mwd, a llongwr â'i draed ar led rhag colli'i falans ar fwrdd y llong ar dywydd stormus. Wn i ddim gafodd y wers honno ddylanwad arna i fel actor ai peidio, ond o leiaf mae wedi aros yn y cof.

I ddosbarth Miss Lilly Jones y cyrhaeddais i. Iddi hi mae'r diolch am fy nysgu i wneud syms a sgwennu'n sownd yn ei gilydd. Ond Mr Davies oedd yn ein trwytho ni ar gyfer y sgolarship i fynd i Ysgol Porthmadog. Ddiwrnod yr arholiad hwnnw roedd ganddon ni, blant ysgol Cricieth, ddwy botel inc a dau benholder. Un i'r inc coch a'r llall i'r inc glas. Roedd o wedi'n dysgu ni i roi llinell goch o dan bob pennawd. Ac mi wnes yn reit dda. Tasa Evan Davies wedi bod yn fy nysgu fi ar ôl hynny hwyrach y buasai gwell siap arna i weddill fy nyddiau ysgol.

Ond mi fyddai yntau'n cael ei byliau. Roedd o wedi bod trwy'r rhyfel cynta ac mae'n siŵr bod hynny'n dweud ar ei nerfau. Pan fydda fo wedi torri'i wallt mi fydda'n beryg bywyd, yn clustochi yn y modd mwya diawledig. Fasa fo byth yn cael gwneud hynny heddiw. Mi fydda rhaid 'i wylio fo pan oedd y gwallt yn fyr. Oni bai am hynny roedd o'n ardderchog.

Dwn i ddim a fedrech chi alw Rhoslan yn bentre, mae'n siŵr mai 'hamlet' fuasai'r enw Saesneg arno. Lle ar wasgar oedd o. Gyferbyn â'n tŷ ni roedd rhes o dai o'r enw Sling – chwech o rai bach sydd erbyn hyn wedi eu troi'n dri o rai mwy. Yn eu hymyl roedd Dinas Eifion, lle byddai'r Parchedig O. M. Lloyd yn lojio efo Mrs Jones pan oedd o'n weinidog ar Roslan a Llanystumdwy. Un da am gardiau sigaréts oedd O. M. Lloyd. Mi symudodd i Nefyn ac wedyn i'r Mynydd-bach ger Abertawe cyn dod yn ôl ymhen amser i Ddolgellau.

Ar draws y cae o'n tŷ ni roedd Bryntirion, cartre John a Catrin Williams. Byddai Catrin yn gwneud te i ambell fisitor fyddai'n dod i weld y gromlech ac i gerdded o gwmpas yr ardal yn yr haf. Fedrai Catrin Williams fawr o Saesneg, ac mi fyddai'r sgyrsiau rhyngddi hi a'r fisitors yn destun tipyn o firi yn yr ardal. Byd uniaith Gymraeg oedd o, o fore gwyn tan nos. Y Parchedig R. O. G. Williams sy'n byw ym Mryntirion heddiw.

Roedd ein tŷ ni, Brythonfa, yn un o ddau a godwyd yn 1904. Llys Eifion yw enw'r tŷ drws nesaf. Roedd y stafell fyw yn llawn o lyfrau, hen bapurau newydd a chylch-gronau. Os oeddech chi eisiau eistedd ar y setl oedd wrth ochr y grisiau byddai'n rhaid ichi glirio rhyw bapurach o'r ffordd yn dragwyddol. Feddyliais i ddim byd yr adeg honno pwy oedd piau'r ddau dŷ, ond erbyn deall Miss Cargill oedd wedi prynu'r ddau er mwyn i ni gael rhywle cyfforddus i fyw. Wyddwn i mo hynny tan ar ôl i Cennin farw. Mi ofynnais iddi hi'r adeg honno beth ddylen ni wneud efo'r tai. 'Take them,' medda hi. 'They're no good to me.' Felly roeddwn i'n gwneud cam â Miss Cargill pan ddywedais na welais i'r un ddimai o'i chyfoeth.

Roedd yn Rhoslan gapel Annibynwyr â llewyrch arno. Ar nos Sul, yn ôl arfer yr oes honno, byddai'r blaenor yn dweud cyn tynnu oedfa'r hwyr i'w therfyn, 'Ddaw'r plant i lawr os gwelwch chi'n dda?' Ninnau'n cerdded a sefyll o flaen y sêt fawr ac yn dweud adnod neu emyn ar goedd. Un nos Sul aeth Nhad â fi i'r capel fel arfer a minnau heb baratoi nac adnod nac emyn, ac wedi dweud 'Cofiwch wraig Lot' yn llawer rhy aml fel roedd hi. Pan ddaeth fy nhro i draddodi mi ddaeth rhyw fflach o rywle mewn cyfyngder. Yr hyn ddywedais i oedd 'Mwya fyddo dyn byw, mwya wêl a mwya glyw'. Roedd 'na dipyn o dwt twtian ymhlith y blaenoriaid, a Nhad oedd yn cael y bai am ddysgu'r fath 'adnod' i mi. Ond mi glywyd rhai pethau rhyfeddach o'r sêt fawr dros y blynyddoedd.

I'r capel y byddai'r gymdeithas yn dod at ei gilydd i gynnal cyfarfodydd bach, i adrodd a chanu. Byddai pedwarawdau a chystadlaethau gwybodaeth gyffredinol a stori fer. Mae'n siŵr bod y profiad hwnnw wedi bod yn rhywfaint o help i minnau o ran perfformio'n gyhoeddus. Ond y perfformiad mwyaf cofiadwy oedd stori fer, fer gynddeiriog hefyd, un cystadleuydd. Mi fu honno'n cael ei hailadrodd yn yr ardal am flynyddoedd. Dyma'r cwbl ddwedodd o:

'Roedd 'na hogyn ifanc yn lluchio cerrig at ffenest llofft merch y tŷ er mwyn tynnu'i sylw. Honno'n agor y ffenest ac yn gweiddi 'Pwy sy 'na?' Yr ateb o'r tywyllwch oedd 'Eitha ceiliog'. 'Ym mhen draw'r ardd mae'r cwt ieir,' meddai hithau a chau'r ffenest.'

Yn y cyfarfodydd bach y bûm innau'n adrodd am y tro cyntaf, a Cennin yn fy hyfforddi, cyn i mi gael dyrchafiad i lwyfan eisteddfod Rhoslan. Un darn y bûm yn ymhel ag o oedd 'Yr Oedfa Fach' gan Crwys. Ond yr orau am adrodd yn y cyfnod hwnnw oedd Dora, Cefn Ucha, ffarm tua hanner milltir o'n tŷ ni. Daeth Dora ymhen amser yn wraig i Wil Sam.

Mewn ardal wasgarog fel Rhoslan ychydig o blant oedd yr un oed â mi. Er y byddem yn cyfarfod yn yr ysgol Sul roeddem i gyd yn mynd i ysgolion dyddiol gwahanol. Yr unig un fyddai'n mynd i ysgol Cricieth fel fi oedd Gwilym, Lodge Broneifion, a ddaeth wedyn yn arolygydd efo'r Dreth Incwm dan yr enw William Park Jones. Roedd o'n byw'n rhy bell i mi fynd yno i chwarae ac felly mater o ddiddori fy hun oedd hi yn Rhoslan fel ym Mrynengan cyn hynny.

Braidd yn bell hefyd oedd yr Hendre, cartre John Parry, a Muriau Mawr, cartre Guto Roberts a'i frawd Morus. Roedd Guto ryw bedair blynedd yn hŷn na fi ac ar ôl i mi gyrraedd fy arddegau y daethom i 'nabod ein gilydd yn dda, trwy gysylltiad y capel. Mi ddaeth Cymru i'w nabod o wedyn wrth gwrs, fel actor amryddawn ac yn enwedig fel 'Fo' yn 'Fo a Fe'. Ar ôl inni ddilyn yr un alwedigaeth mi dyfodd y cyfeillgarwch rhyngddon ni. Ar ei aelwyd doedd neb difyrrach na Guto, yn llawn gwybodaeth a chyda phob math o ddiddordebau. Ond yn blant, fel dywedais i, roedden ni'n byw'n rhy bell oddi wrth ein gilydd i gymysgu rhyw lawer. Mae'n wir fod yno genod yn byw o fewn cyrraedd, fel Dora Cefn Ucha, Eirlys Fronolau, Betty Tŷ Capel a Mair Cae 'Refail. Ond fyddai rhywun yn gwneud dim byd efo'r rheini. Genod oeddan nhw!

Felly rhyw droi ymysg oedolion y byddwn i fwyaf a'r pwysicaf o'r rheini, y dylanwad mawr ar fy mywyd, oedd Nhad. Roedd 'na agosatrwydd mawr rhyngon ni ac mi fyddwn yn teimlo'n aml mai fo oedd yr unig berson oedd gen i ar wyneb daear Duw. Ac eto roedd o 63 o flynyddoedd yn hŷn na fi, ac mi fyddai hynny'n fy mhoeni fwy nag oedd o na neb arall yn ei sylweddoli. Weithiau pan fyddwn i yn yr ysgol yng Nghricieth mi fyddai yntau'n mynd ar y bws i Bwllheli ac yn dweud wrtha i am aros amdano yn 'siop RP' yng Nghricieth ar ôl yr ysgol. 'Mi fydda i'n ôl ar y bws hanner awr wedi pedwar i dy gyfarfod ti yno,' medda fo. Ond ambell dro fydda fo ddim yno. Wedi colli'r bws y bydda fo, ond i mi, oedd yn ymwybodol o'i oed, mi fyddwn yn sicr ei fod o wedi marw. Roedd hyn yn bryder na ddylai plentyn mor ifanc â hynny orfod mynd drwyddo.

Ond roedd siop RP yn ddinas noddfa ddifyr, a'r perchennog, Robert Pugh Jones, yn un o gymeriadau mawr y dre. Roedd o a Nhad yn nabod ei gilydd ers blynyddoedd, y ddau wedi bod yn byw ar yr un adeg yn Lerpwl, lle byddai RP yn cadw siop. Ar ôl dod adre i Gricieth mi agorodd siop 'Drapers and Outfitters' yn y Stryd Fawr, ac mi fu'n trefnu steddfod fyddai'n cael ei hadnabod fel 'Steddfod RP'. Mewn 'marquee' mawr gyferbyn â'r George IV Hotel y byddai'r steddfod yn cael ei chynnal. Yn ôl toriad papur newydd sydd yn fy meddiant roedd y babell yn dal tair mil o bobol. Byddai Lloyd George yn un o'r cefnogwyr selog, bu'n gadeirydd lawer gwaith a chafodd gloc yn anrheg gan bwyllgor y steddfod. Roedd Nhad yn un o arweinwyr rheolaidd y steddfod, er mai llafur cariad oedd o. 'Dwi 'di bod wrthi trwy'r dydd yn arwain steddfod i'r RP 'na a dyma fo'n dweud wrtha i ar y diwedd am alw yn y siop i nôl cap!' medda fo. Doedd dyn busnes craff fel RP ddim yn credu mewn talu arian i neb.

Mi fu gan RP siop bach wedyn yng nghefn y 'Conservative Club' yng Nghricieth. Dwi'n cofio'i weld o yno mewn hanner tywyllwch, a thecell yn ffrwtian ar stof baraffin. Mi fydda hen gymeriadau fel Nhad a Charles Emu a Doctor Lloyd Owen yn galw heibio am banad a sgwrs a smôc. Roedd Dr Lloyd Owen, neu Ap Llugwy, yn un o'r bobol oedd yn ymwneud â sefydlu Plaid Cymru ym Mhwllheli yn 1925. Mi brynodd o ac RP gar Morgan Three-wheeler ar y cyd, ac roedd 'na lu o straeon am hwnnw. Roeddan nhw'n trafeilio i lawr Allt Goch Stiniog unwaith efo RP yn dreifio ac mi aeth Dr Lloyd Owen i dipyn o banic. Gan fod lifar y brêc ar yr ochr dde i'r dreifar roedd y doctor wedi ymgyrraedd ar draws y llyw a'r dreifar er mwyn trio arafu pethau.

Y ffordd y cawson nhw wared â'r car, yn ôl RP, oedd taro bargen efo rhywun o Birmingham oedd wedi hysbysebu weiarles yn yr *Exchange and Mart*. Mi drefnwyd i roi'r Morgan ar y trên yng Nghricieth a'i gyfeirio tua'r Midlands, i'w ffeirio am y weiarles. Dyna'r olwg ddwaetha welson nhw ar y Tair Olwyn, a welson nhw byth mo'r weiarles.

Mi symudodd RP wedyn i siop arall yn ymyl y stesion. Roedd o bron yn ddall erbyn hyn ac mi fyddai ganddo waith i mi pan fyddwn i yno'n aros am fy Nhad. 'Llythyr, llythyr, llythyr,' medda fo'n wyllt. 'Llythyr i bwy?' medda fi. 'Llythyr i Westclocks!' medda fo. 'Be dwi i roid yno fo?' 'One and a quarter dozen alarm clocks.' Roedd o'n cofio drecsiynau'r cwmnïau 'ma i gyd ar ei gof. Roedd o hefyd yn ddiarhebol am gofio tonau emynau. Mi fyddai'n chwarae'r organ yn y Capel Mawr ac yn cofio pob tôn yn llyfr y Methodistiaid. Dim ond i rywun enwi unrhyw dôn mi canai RP hi ac roedd o'n cofio pa sawl pennill oedd ym mhob un.

Os oedd y bwlch oed rhwng fy Nhad a minnau yn bryder i mi ar adegau, mi roddodd hefyd gipolwg i mi ar oes oedd yn un ddieithr iawn i'r rhan fwya o fy nghyfoedion. Dwi'n cofio mynd i de parti yng nghapel Brynengan tua 1938, i ddathlu pen-blwydd Daniel Evans yn 95 oed. Roedd hwnnw'n cofio'r relwe i Eifionydd yn cael ei hadeiladu ym 1865. Er bod eu cyfenwau nhw'n wahanol roedd Daniel Evans yn frawd i'r Parchedig William Hughes, y cenhadwr hwnnw yn Affrica yr oedd Congo House wedi ei enwi ar ei ôl. Er mai hap a damwain oedd hi i mi gael fy magu yn Eifionydd, mae'r gwreiddiau roddodd Cennin imi yn y fro honno yn rhai cynddeiriog o ddwfn.

Lle bynnag y bydda Nhad yn mynd i ddilyn ei ddidd-ordebau doedd gen innau ddim dewis ond ei ganlyn. Roedd hynny'n golygu cerdded i bobman. Fyddai milltiroedd o siwrnai'n ddim byd iddo fo ond roedd yn teimlo fel tragwyddoldeb i mi. Lawer gwaith y gofynnais 'Faint o ffordd sydd yna eto ar ôl y tro nesa?' Ei ateb fyddai bod ein lonydd ni yn Eifionydd wedi eu gwneud yn fwriadol yn droellog, yn hytrach nag yn syth fel rhai'r Rhufeiniaid, rhag i'r ceffylau dorri'u calonnau wrth weld faint o ffordd fyddai o'u blaenau nhw.

Mae gen i gof, un gaeaf, i Cennin benderfynu mynychu dosbarth nos yn Chwilog, a hwnnw'n cael ei gynnal yn festri un o'r capeli. Roedd o'n mynd yno'n ffyddlon bob wythnos a gan nad oedd neb i warchod roedd yn rhaid i minnau fynd hefyd. Roedd hynny tua 1938 a finnau o gwmpas y deg oed. Mi ddois i ddeall wedyn mai trin y cynganeddion y bydden nhw, ac mi fyddai'r deg neu fwy oedd yn y dosbarth yn cael llawer iawn o hwyl. Yno y byddwn innau'n eistedd fel mudan, yn deall dim byd am be'r oedden nhw'n sôn, er ei bod hi'n amlwg fod y dyn bach yma efo sbectol oedd yn athro yn traethu'n ddiddorol iawn o'u safbwynt nhw. Sylweddolais i ddim am flynyddoedd mor freintiedig yr oeddwn. Yr athro oedd R. Williams Parry, y deuthum yn edmygydd mawr o'i waith unwaith yr oeddwn i'n ddigon hen i'w ddeall.

Mae gen i gof hefyd cyrraedd adre o rywle a gweld car Singer bach wedi parcio o flaen y tŷ a dau ddyn ar yr aelwyd yn sgwrsio efo Nhad. A phwy oedd yn eistedd yn y gadair farddol ond Williams Parry. Y dyn arall oedd J. O. Williams, cyd awdur *Llyfr Mawr y Plant*. Fo fyddai'n gyrru Williams Parry o gwmpas y wlad. Mi fyddai Cennin yn cymysgu efo rhyw bobol felly. Dau arall fyddai'n galw oedd Caerwyn, oedd yn enwog fel arweinydd eisteddfodau, a'r heddychwr George M. Ll. Davies, oedd yn byw ar y pryd yn Rhoslan.

Roedd Cennin wedi dysgu cynganeddu yn blentyn, dan ddylanwad dau hen flaenor yng nghapel Brynengan. Roedd y rheini wedi meistroli'r mesurau caeth yn ysgol Eben Fardd yng Nghlynnog. Eben Fardd, a anwyd yn 1802, oedd hoff fardd Cennin.

Esboniadau a barddoniaeth oedd pleserau mawr Nhad. Mi fyddai'n cael Llyfrau'r Clwb o Siop J. R. Morris yng Nghaernarfon ac roedd 'na ambell un o'r rheini y medrwn innau eu darllen, fel *Coelion Cymru*, *Ystorïau Heddiw* a'r *Wisg Sidan*, nofel Elena Puw Morgan. Byddai J. R. Morris, y llyfrwerthwr enwog o Gaernarfon, yn galw acw weithiau ac mae'n siŵr gen i y byddai ambell fargen yn cael ei tharo rhwng Cennin ac yntau. Rwy'n cofio bod tua dwsin o gopïau o *Cynfeirdd Lleyn* yn y twll dan grisiau, i gyd fel newydd ac wedi eu lapio mewn papur sidan. Roedden nhw'n llyfrau prin yr adeg honno ac maen nhw'n brinnach byth erbyn heddiw. Doedden nhw ddim yno ar ôl i J. R. Morris alw heibio.

Byddai tri phapur newydd Cymraeg yn cyrraedd yn wythnosol, sef yr *Herald Cymraeg*, *Papur Pawb* a'r *Utgorn*, papur lleol o Bwllheli. Roedd gan Cennin ddealltwriaeth efo golygydd yr *Utgorn*: roedd yn cael y papur am ddim am gyfrannu i'r golofn farddol. Un cyhoeddiad Saesneg ynghanol y rhain oedd y *News of the World* bob dydd Sul – ei gael o er mwyn y croesair, medda Cennin! Mi fyddai'n gwneud hwnnw'n ddeddfol bob wythnos a'i yrru i ffwrdd gan ddisgwyl cael gwobr. Pan oeddwn i tua 13 oed, mi ddechreuwyd archebu *Everybody* a'r *Children's*

Newspaper. Dyna'r cwbl, ar wahân i 'comic cuts' achlysurol fel *Hotspur* a *Beano*.

Ond mi agorodd y llifddorau i'r byd mawr tua 1936 pan drefnodd Miss Cargill ein bod ninnau hefyd yn cael weiarles. Cossor oedd ei gwneuthuriad ac roedd hi angen tri batri, sef barti gwlyb, batri sych mawr ac un arall cul efo'r enw 'grid bias'. Duw a ŵyr pam roedd angen tri, ond roedd yn rhaid eu cael. Codwyd peipen hir wrth dalcen beudy oedd yn rhan o'r wal gefn yn Brythonfa, a rhedeg weiren hir i mewn i'r tŷ. Honno oedd yr erial.

Roedd bod yn berchen weiarles yn rhoi'r un statws i chi ag sydd gan bobol efo teledu *Sky* heddiw pan fydd rhywbeth pwysig yn digwydd. Dwi'n cofio'r diwrnod pan oedd un o feibion y Brenin Siôr y Pumed yn priodi'r Dywysoges Marina o Wlad Groeg. Roedd y briodas ar y weiarles, a'r rhyfeddod ydi bod ein cegin ni'n llawn o ferched y tai cyfagos, tua wyth ohonyn nhw'n gwrando ar y seremoni. Roedd y gweithgareddau i gyd, fel y gallech chi ddisgwyl, yn Saesneg, a'r gwrandawyr i bob pwrpas yn Gymry uniaith. Go brin bod ganddyn nhw lawer o syniad beth oedd yn digwydd.

Mi ddaliodd y weiarles i fynd am flynyddoedd, ond roedd hi'n mynd yn gostus i'w rhedeg oherwydd y batris dragwyddol 'ma. Wrth iddi heneiddio roedd hi hefyd yn cael ei dyrnu fwy a mwy er mwyn cael y stesion i weithio. Gwynt teg ar ei hôl.

Roedd y gair printiedig yn bwysicach nag unrhyw weiarles i Cennin. Llyfrau, misolion, a'r Beibl yn fwy na dim, dyna fyddai'n rhoi'r pleser mwyaf iddo yn ei hen ddyddiau. Mi fyddai hefyd, yn nhraddodiad y wlad, yn dal i wneud aml i englyn i archeb ar gyfer priodas neu angladd. Dyma'r englyn wnaeth o i Dora, Cefn Ucha ar gyfer ei phriodas hi a William Samuel Jones, Ty'n Llan, Llanystumdwy:

Aeth Dora, eneth dirion, – yn wraig hoff
    Drwy'r cylch aur a'i swynion;
Diogelydd dwy galon
Ydyw cylch yr adeg hon.

Roedd o wedi cyhoeddi llyfr yn ei ddyddiau cynnar, sef *Y Llwyfan*, casgliad o adroddiadau 'o waith amryw', yn cynnwys rhai o'i waith ei hun. Dau ddarn poblogaidd iawn fyddai'n cael eu hadrodd yn gyson yn yr eisteddfodau oedd 'Yr Ystorm' a 'Y Pentewyn'. Stori ddirwestol yn arddull y cyfnod oedd 'Y Pentewyn', a hyd y gwn i roedd o wedi glynu wrth ddirwest ei hun. Adeg yr helynt hwnnw efo'i lengid ar stryd yng Nghaeredin oedd yr unig dro i mi ei weld yn yfed diod feddwol.

Y cysylltiad â'r Alban oedd yr unig beth oedd yn mynd â'n gorwelion ni tu hwnt i Eifionydd. Aeth â fi yno am y tro cynta yn fuan ar ôl i Mam farw, ac mae hwnnw'n dal yn un o wyliau mwyaf cofiadwy fy mywyd. Roeddwn i wedi edrych ymlaen yn fawr am y daith trên 'ma i Gaeredin. 'Mi fydd rhaid inni fynd i'r Midos,' medda fo. 'Mae 'na *whalebone* yn fanno, a tram yn mynd drwy'r canol.' Doedd gen i ddim llawer o syniad sut beth oedd tram heb sôn am asgwrn morfil, ac yn sicr fedrwn i ddim dychmygu beth oedd Midos. Dyma ni'n cyrraedd ac yn aros efo rhyw Mrs Duncan yn 1 Oxford Street, Newington, yr union stryd lle'r oedd Cennin wedi bod yn lletya ac wedi cyfarfod y ferch ddaeth yn wraig iddo. Fy unig gof am y tŷ hwnnw ydi bod yno gath, ac wrth imi fynd i roi mwythau iddi mi brathodd fi yn fy mawd nes tynnu gwaed. Mi fu rhaid cael iodin arno fo, a dwi'n ei gofio fo'n llosgi hyd heddiw.

Ond rwystrodd hynny mohonon ni rhag mynd i'r Midos. Beth oedd o ond parc mawr o'r enw 'The Meadows'. Ac oedd, roedd yna asgwrn morfil mawr fel mynedfa iddo fo, a thrams yn mynd yn syth trwy'r canol.

Yr Hen Of

O'r holl oedolion y byddwn i'n troi yn eu plith yn Rhoslan roedd 'na un yn frenin ar y cyfan yn fy ngolwg i, sef Robert Jones, Robin y Gof. Yr efail i mi oedd canolfan Rhoslan ac roedd gen i fy 'bush telegraph' i ddweud pryd y byddai'n ddiogel imi alw yno. Rai diwrnodau byddwn yn clywed sŵn y morthwyl ar yr engan yn atseinio trwy'r ardal, ac felly'n gwybod ei fod o'n brysur ac mai gwell cadw draw. Os byddai'r lle'n dawel mi awn draw am sgwrs. Roedd yno le difyr iawn, a'r gof ei hun yn un hwyliog. Weithiau pan fyddai ganddo ddim byd arall i'w wneud byddai eisiau chwarae cuddio papur. Doedd dichon cael hyd i'r papur a'r gof fyddai'n ennill bob tro. Y rheswm, erbyn deall, oedd ei fod wedi gwneud twll yn y pren lle'r oedd ei ddrych siafio yn hongian. Yn y twll tu ôl i'r drych y byddai'n cuddio'r papur. Roedd angen drych yn yr efail gan y byddai'n ymolchi a thwtio'i hunan cyn mynd adre bob nos i Garndolbenmaen, lle byddai'n aros efo'i chwaer a'i gŵr.

Yn y cyfnod hwnnw pan oeddwn i tua naw neu ddeg oed doedd y tractor ddim wedi cyrraedd y rhan fwya o'r ffermydd a byddai ceffylau gwedd mawr yn cyrraedd yr efail i gael eu pedoli. Ambell dro byddai un o'r ceffylau'n meiddio piso yn yr efail, a fyddai fawr o dymer ar y gof pan ddigwyddai hynny. Byddai ganddo hen grwc mawr i

56

ddal y dylifiad. Pe bai'r crwc yn digwydd cael cic nes bod gwlybaniaeth yn disgyn ar goes y gof byddai'r ceffyl druan yn siŵr o gael peltan yn ei asennau efo morthwyl pen paen. Cofiaf imi fynd adre unwaith ar ôl gweld y perfformiad hwnnw a dweud y stori wrth Nhad mewn llinell gynganeddol yn fy nhyb i: 'Bob y gof yn biso i gyd'. Dyma Nhad, ar amrantiad, yn cywiro'r gynghanedd, beth bynnag am y ffeithiau: 'Bob y gof yn *bibo* i gyd.'

Dyn mawr o gorff oedd Robert Jones, yn pwyso tua 17 stôn a'i freichiau cydnerth yn ganlyniad i oes o golbio haearn. Roedd wedi'i brentisio yng ngefail ei dad yng Ngarndolbenmaen a brawd iddo, William Jones, oedd gof Glandwyfach.

Treuliwn oriau yn yr efail ac wrth imi fynd yn gryfach byddwn yn gwneud rhyw fân jobsus iddo, fel nôl dŵr a churo'r haearn tra byddai'r gof yn ei droi a'i siapio ar yr engan. Ond y brif swydd oedd trin y fegin, yn enwedig pan fyddai'n asio dau ddarn o haearn. Mi ddois yn gryn feistr ar drin y fegin.

Fel llawer o'r trigolion yn y cyfnod hwnnw ychydig iawn o Saesneg oedd gan Robert Jones. Wedi dechrau'r rhyfel daeth mwy o Saeson i'r ardal, wrth i'r HMS Glendower gael ei sefydlu i hyfforddi aelodau'r Llynges, a theuluoedd rhai o'r morwyr yn aros mewn tai yn yr ardal. Mi ddaeth HMS Glendower wedyn yn wersyll Butlin's, Pwllheli.

Daeth Saesnes arall, Mrs Richardson, i fyw i un o dai'r Sling, gwraig ganol oed a chanddi gysylltiadau teuluol â Chricieth. Roedd yn ddynes glên iawn mae'n rhaid dweud, ac yn teithio ar ei beic i bobman. Pan fyddai rhywbeth yn bod ar y beic byddai'n mynd â fo at y gof i gael ei drin. Mae'n amlwg fod y gof a 'Mrs Richard', fel y byddai'n ei galw, wedi dod yn dipyn o ffrindiau, ac fe'm rhybuddiodd i un pnawn, 'Yli, pan fydd Mrs Richard yn dwad yma mae arna i isio i ti ei g'leuo hi o 'ma. Hel dy draed!' Ac felly y byddai.

Dwi'n cofio rhyw sŵn y tu allan unwaith a phwy oedd yno ond Mrs Richardson yn nesu at yr efail gan bowlio'i beic. 'Yhw! Yhw!' medda hi. 'Pwy sy 'na?' meddai'r gof. 'Mrs Richard,' meddwn innau. 'Mr Jones,' meddai hithau, 'will you blow up my tyre for me?' a'r ateb a gafodd gan y gof oedd 'You... want... wind.' 'Wind' oedd y ciw i minnau ddiflannu, a chlywais i ddim mwy o'r ddeialog.

Un pnawn, a'r gof a finnau ar delerau ardderchog, dyma fo'n gofyn i mi'n sydyn, 'Wyddost ti beth fydd Mrs Richard yn ddweud pan fydda i'n ei gwasgu hi?' 'Arglwydd mawr na wn i,' meddwn innau. 'Notty boy!' medda fo. Fedrwn i ddim peidio chwerthin yn enwedig o ystyried bod 17 stôn y gof yn cynnwys cryn dipyn o fol, a Mrs Richard yn denau fain.

Daeth yn eira mawr tua 1942, lluwchfeydd ym mhobman a ffyrdd Eifionydd yn prysur gau. Gwelwn fod mwg yn dod trwy gorn yr efail ac ymlwybrais yno tua phump o'r gloch y pnawn.

Yno'r oedd y gof, a thanllwyth o dân. 'Sut ydach chi am fynd adra?' meddwn i. 'Ddaw y bws byth trwy'r eira 'ma.' 'Paid â phoeni,' medda fo, 'mae Moss yn siŵr o ddwad.' Roedd ganddo fo feddwl mawr o Moss, un o yrwyr Crosville.

Yno gadewais i o, a'r eira'n lluwchio o gwmpas yr efail.

Roedd o'n un penderfynol iawn. Bore drannoeth roedd y storm wedi tawelu, a'r distawrwydd hwnnw sy'n dod yn sgil eira i'w deimlo ym mhobman. Edrychais i gyfeiriad yr efail a gwelwn bod rhimyn o fwg yn codi'n unionsyth i'r awyr. Roedd yn amlwg bod y gof wedi bod yno drwy'r nos ac euthum yno i'w weld cyn gynted ag y medrwn. Roedd Huw Davies o ffarm yn ymyl hefyd wedi gweld y mwg ac wedi cyrraedd yno o fy mlaen, gan ddod â thorth a rhyw luniaeth arall i'r gof. Cawsom ar ddeall bod Robert Jones wedi cadw'i hun yn gynnes trwy'r nos yn gwneud giât yr oedd rhywun wedi'i harchebu. Ar ôl mynd adre mi ddywedais wrth Nhad bod Robert Jones yn methu mynd adre o'r efail, a dyma fynta'n dweud ar ei union y byddai croeso iddo gysgu yn ein tŷ ni os oedd o'n dymuno. Yn ôl â fi wedyn â 'ngwynt yn fy nwrn i ddweud y neges, a chytunodd yntau i ddod acw. Ac efo ni y buo fo am bron i wythnos cyn i Moss ddechrau teithio yn y bws unwaith eto.

Roeddwn wrth fy modd yn cael y gof yn aros acw, yn ei 'ddillad mynd adra i'r Garn', yn sgwrsio efo Nhad a finnau ar yr aelwyd, heb haearn ar gyfyl y lle. Roedd o fel y Brenin Herod ar ei orsedd, yn eistedd yn y gadair farddol. Yn ystod y sgwrsio hwnnw y sylweddolais ei fod wedi bod yn ŵr priod ar un adeg, ac yn byw gyda'i wraig yn Nhŷ'r Efail. Ond wedi iddi hi farw aeth yn ôl i'r Garn at ei chwaer. Un peth arall a'm synnodd wrth wrando ar y ddau yn sgwrsio oedd mor oleuedig yn ei Feibl oedd Robert Jones. Am wn i na wnaeth hynny i minnau fod eisiau gwybod mwy am y Beibl. Digon llugoer oedd fy agwedd cyn hynny beth bynnag.

Erbyn 1943 roedd llawer mwy o Saeson yn yr ardal,

rhwng y faciwîs a phobl eraill yn dianc rhag y bomiau. Roedden nhw'n cael eu derbyn yn rhan o fywyd bob dydd. Roedd llawer o bethau'n brin yn enwedig petrol, a byddai rhai o'r newydd-ddyfodiaid yn mynd o gwmpas ar gefn ceffyl neu mewn car a merlyn. Wrth gwrs roedd yn rhaid pedoli'r anifeiliaid ac fe gynyddodd busnes y gof yn sylweddol. Roedd yn bedolwr heb ei ail ond byddai braidd yn fyr ei dymer yn ystod yr orchwyl.

Roeddwn i yn yr efail un prynhawn yn cicio fy sodlau, a'r hen of heb lawer i'w wneud chwaith, pan ddaeth merch ifanc heibio ar gefn merlyn, disgyn oddi arno a cherdded at ddrws yr efail. 'Do you do any shoeing?' medda hi wrtha i. 'Beth mae hi'n ddweud?' meddai'r gof. 'Gofyn ydach chi'n pedoli yma.' Wedi holi dipyn o ble'r oedd hi'n dod a deall y cysylltiadau, pwyntiodd â'i fys i alw ar i'r hogan dywys y ceffyl i'w le ar lawr yr efail. Hwyliodd i wneud y pedolau ac aeth cryn amser heibio.

Roedd dau ddrws yn yr efail, un y byddai pawb yn cerdded drwyddo a'r llall yn un a fyddai'n cael ei agor yn benodol ar gyfer pedoli, gan mai trwy hwnnw y câi oleuni i wneud y gwaith. Duw a helpo pwy bynnag fyddai'n sefyll yn y drws hwnnw yn ystod y gwaith.

Pedoli'r carnau ôl yr oedd o, ac yn ffitio'r bedol wynias i garn y ceffyl, a finnau wrth y fegin yn chwythu yn ôl yr angen. Roedd mwg ac arogl carn yn codi i'w wyneb ac yntau'n chwysu nes bod ei sbectol yn stemio a'i gwneud yn anodd iddo weld. Byddai'n ddrwg ei dymer erbyn hyn a'r peth callaf i bawb o'i gwmpas fyddai cau ei geg a dweud yr un gair.

Pan oedd o ar hanner yr orchwyl dyma gar yn stopio a thua chwech o ferched yn llifo allan ohono gan anelu'n syth am ddrws yr efail. Roedd yn amlwg bod ganddyn nhw ryw gysylltiad â'r merlyn a'u bod wedi galw i weld a oedd popeth yn iawn. Roedden nhw'n gynulleidfa go fawr, un uniaith Saesneg, ac yn mynegi eu hedmygedd o'r crefftwr mewn ymadroddion fel 'So *that's* how it's done,' a 'Isn't it *wonderful* how he fits it!' Roedd y crefftwr erbyn hyn ar ben ei dennyn. 'Dydw i'n gweld diawl o ddim,' medda fo wrtha i. 'Maen nhw rhyngdda i a'r drws.' 'Pam na ddeudwch chi wrthyn nhw?' medda fi. 'Bron na wna i,' medda fo, wrth i bethau fynd o chwith efo'r bedol.

Yn sydyn, yng nghanol y mwg, gollyngodd yr efail a'r bedol ar lawr, sythodd ac edrychodd i fyw llygaid un ddynes oedd dipyn yn uwch ei chloch na'r gweddill. 'YOU ARE IN THE DARK,' medda fo. 'Yn y golau' oedd o'n feddwl wrth gwrs, ond feiddiodd neb ei gywiro. Ac ar un ystyr roedd o'n iawn. Roedden nhw i gyd 'in the dark' ynglŷn â phopeth oedd yn digwydd o'u cwmpas yn Eifionydd yn yr oes honno.

Yn ei hen ddyddiau mi roddodd Robert Jones y gorau i smocio, a gwneud hynny mewn steil. Mi osododd ei bibell ar yr engan a'i malu hi'n deilchion efo gordd. Ar ôl hynny mi aeth yn adict i polo mints, mi fyddai'n eu sipian nhw bob dydd, o fore gwyn tan nos. Ar ôl ymddeol o'i waith mi ofynnodd i mi fynd draw i'r efail a helpu fy hun i unrhyw beth oedd yno. 'Mi gymra i rywbeth bach i gofio amdanoch chi,' medda fi, 'Dwi ddim isio mwy na hynny.' Mi werthwyd ei betha fo, mi aethon i gyd rhwng y cŵn a'r brain i rywle. Dwi'n cofio mynd i gladdu'r hen greadur. Mi ddaeth 17 stôn o hanes Rhoslan i ben y diwrnod hwnnw.

Port a Madryn

Mae 'na le ym Mhatagonia o'r enw Porth Madryn. Fûm i erioed yno ond mi dreuliais flynyddoedd yn ysgol Port ac yng Ngholeg Madryn, heb adael rhyw argraff fawr ar y naill le na'r llall. Roeddwn i'n dechrau yn Ysgol Sir Porthmadog ym Medi 1939, yr union fis pan ddechreuodd yr ail ryfel byd. Mynd ar fy meic i Gricieth y byddwn i, a dal y trên oddi yno i Port. Roedd y lle'n llawn o faciwîs, y rhan fwya ohonyn nhw o le o'r enw Rockferry yn ymyl Birkenhead. Mi fydden ni'r plant lleol yn mynd i'r ysgol yn y bore ac yn gadael yn gynnar yn y pnawn i wneud lle i'r faciwîs, trefn ardderchog oedd yn ein rhyddhau ni i fynd i'r siopau chips neu i wneud drygau ar hyd glan y môr.

Mi gymrais yn erbyn yr ysgol ar ôl cael cansen ar y diwrnod cyntaf un. Yr unig beth wnes i oedd dal y drws i mewn i'r stafell ddosbarth ynghau, yn erbyn yr athro oedd ar yr ochr arall yn trio'i agor. Wyddwn i ddim byd pwy oedd yn athro na phwy oedd ddim, mi fedrai fod yn ofalwr yr ysgol am a wyddwn i. Yn waeth na hynny, Saesneg oedd popeth yn yr ysgol. Fuasai waeth i chi fod yng nghanol Birmingham ddim.

Ond roedd rhywun yn cynefino ac yn gwneud llawer o ffrindiau. A doedd gan rywun ddim dewis ond dal ati efo'r French a'r Latin, y Chemistry a'r Physics, a hynny i raddau er mwyn plesio'r hen ddyn. Mi adewais y lle yn un ar bymtheg oed efo rhyw Central Welsh Board School Certificate. Roeddan nhw'n dyrnu i mewn i rywun bod yn rhaid cael honno neu fynd i sgubo'r stryd. Wn i ddim faint gwell o'n i o'i chael hi chwaith.

Mi fyddem yn gorfod gwneud rhai pethau yn yr ysgol oedd i fod yn help i'r ymdrech ryfel, fel agor ffosydd, gweithio mewn alotments a rhyw lol botas felly. Wrth fynd yn hŷn mi fyddwn i'n cael mwy o hwyl y tu allan i'r ysgol, yn helpu dipyn ar ffermydd yr ardal. Mynd draw ar fore Sadwrn i gario gwair a chario ŷd ac ati.

Fedra i ddim dweud bod neb o'r athrawon wedi cael dylanwad mawr arna i, ond rydw i'n cofio'r rhan fwya ohonyn nhw. William John Hughes oedd yn dysgu Maths ond yn anffodus ddysgais i ddim byd efo hwnnw. Roedd o wedi colli'i goes yn y rhyfel mawr; hen ddyn digon clên mae'n siŵr, ond roedd pawb ei ofn o. Dyn clên hefyd oedd Llywarch Dodd, yr athro Miwsig. Ond ystyr miwsig yr adeg honno oedd mynd i mewn i'r asembli i ganu John Brown's Body, Ffarwel i Blwy Llangower, ac Audiamus Igitwr. Dyna'r cwbwl. Huw Jones, cefnder y dramodydd John Gwilym Jones, fyddai'n dysgu Hanes, ac yn ei ddysgu fo mewn monotôn. Byddai William Rowlands ei hun, yr ysgolhaig a'r prifathro, yn dysgu Cymraeg inni, yn Saesneg: 'Come come now, come come now, follow me, what did we do last time?' Mi fydda'i gof o ym mhobman. 'Where were we last?' Gwneud Cartrefi Cymru y bydden ni, a newydd astudio Dolwar Fach y diwrnod cynt. Ninnau'n enwi'r cartref o flaen un Ann Griffiths iddo fo, a chael Dolwar Fach am yr ail dro mewn deuddydd.

Mi fûm i'n chwarae i dîm ffwtbol yr ysgol a rhyw

bethau felly, ond ches i ddim cyfle o gwbwl i ymwneud dim â'r ddrama. Mi fydda 'na ryw 'social evenings' yn cael eu cynnal ond roedd y rheini, o edrych yn ôl, dipyn bach ar gyfer plant breintiedig: plant gweinidogion a rheolwyr banc a siopwrs cefnog aballu. Mi fydden nhw'n actio tipyn bach yn fanno, ond fûm i, fel y gallech chi feddwl, erioed yn un o'r gwahoddedigion.

Ond mi gawson ni un profiad mawr oedd yn ymwneud â drama. Pwy ddaeth i'r ysgol un diwrnod ond Dame Sybil Thorndike. Roedd ganddi ryw gysylltiad â'r ardal. Mi roddodd rendring o 'Saint Joan' inni, jest rhywbeth bach er mwyn inni gael clywed ei llais hi, a ninnau wedyn yn ciwio i gael ei hotograff.

Ac mi fydda'r Bangor Trio'n dod yno! Mi ddaru ni bŵio'r rheini, un yn dechrau a'r ysgol i gyd yn ymuno yn y corws. Y Bangor Trio druan, welais i'r ffasiwn halabalŵ yn fy nydd erioed.

Mi fuo 'na dipyn o helynt hefyd ar ôl i mi gael gafael ar y cyllyll a'r ffyrc yn y cantîn a'u cuddio nhw yn y piano a chau'r caead. Y bore hwnnw daeth Mr W. M. Richards y dirprwy brifathro i gynnal yr asembli. Athro da iawn oedd Mr Richards er bod 'shell-shock' yn dweud braidd arno yntau, hwnnw hefyd wedi bod drwy'r drin. A dyma fo'n mynd am y piano ... wel sôn am le. Mi ges i ambell i glustan ond wnes i ddim cyfadde uffar o ddim.

Y drwg oedd bod gen i bob amser lawer mwy o ddiddordeb yn y pethau oedd yn digwydd o gwmpas y cartref nag yn yr ysgol. Yn yr ardd yng nghefn y tŷ roedd yna gwt pren a hwnnw'n cynnwys tua hanner dwsin o gistiau te. Roedd y rheini'n llawn o lyfrau Saesneg, ac wrth imi gyrraedd fy arddegau byddai Cennin yn fodlon imi durio i'w canol nhw. Erbyn deall, llyfrau Mary Marr, chwaer fethedig fy mam, oedden nhw. Mae'n rhaid bod ganddi dipyn o feddwl ohonyn nhw, iddyn nhw fod wedi eu llusgo yr holl ffordd o'r Alban i Eifionydd. Roedd yno amrywiaeth o lyfrau oedd y tu hwnt i mi, yn rhai hanes, nofelau, llyfrau crefyddol ac ati. Un llyfr oedd yn rhoi pleser arbennig i mi oedd *The Fellowship of the Frog* gan Edgar Wallace. Mi dreuliais oriau ar fy mhen fy hun yn yn cwt yn eu bodio, ac mae'n siŵr eu bod nhw wedi cyfrannu rhywfaint at fy hoffter o lyfrau.

Am ei bod hi'n gyfnod rhyfel roeddan ni'n gorfod ymuno â rhywbeth militaraidd yn yr ysgol ac mi ymunais innau â'r ATC, neu'r 'Air Training Corps', yng Nghricieth. Yn ei sgil roedden ni'n cael mynd i'r Fali yn Sir Fôn, a chael y profiad rhyfeddol o fynd i fyny mewn 'Beau Fighter' a hedfan dros Gaergybi a draw i gyrion Iweddon. Paratoi rhywun ar gyfer yr RAF oedd y bwriad, ac mi aeth llawer o'n criw ni i'r Lluoedd Arfog. Ond fuo dim rhaid i mi fynd i ddysgu rhyfela. Yn lle hynny mi es i Ben Llŷn i ddysgu ffarmio.

* * *

Roedd Coleg Amaethyddol Madryn ar safle'r hen blasty enwog wrth droed Garn Fadryn ym mherfeddion Llŷn. Sgweiar y stad ar un adeg oedd y Capten Love Jones Parry hwnnw oedd yn un o arloeswyr y Wladfa, sy'n esbonio pam mae yr enw Madryn i'w weld ar fap De America. Mae'r plasty a'r Coleg Amaethyddol wedi diflannu erbyn hyn, i wneud lle i barc carafanau.

Dwi'n credu bod Miss Cargill wedi rhoi help i Cennin i 'nghadw fi yng Ngholeg Madryn, oedd yn lle difyr iawn. Mae'n debyg mai'r rheswm iddo feddwl hwyrach y buaswn i'n gwneud ffarmwr oedd y profiad oeddwn i wedi'i gael ar ffermydd yn ystod fy nyddiau ysgol. Pan oeddwn i tua thair ar ddeg oed mi fyddwn yn treulio bron bob penwythnos a gwyliau ysgol yn helpu ar ffarm Muriau Bach yn Rhoslan. William David Roberts oedd y ffarmwr. Roedd yn byw yno efo'i fam, oedd yn wraig weddw. Doedd dim tractor yno yr adeg honno, dim ond ceffyl i wneud y gwaith aredig, sgyfflo, teilo a chario gwair, popeth dan yr hen drefn oedd ar fin darfod yng nghefn gwlad.

Wrth fynd yn hŷn mi fyddwn yn mynd i helpu ar ddiwrnod dyrnu mewn aml i ffarm yn yr ardal. Roeddwn yn gyfarwydd â gwaith y gwahanol dymhorau, ac roedd hyn i gyd yn baratoad da ar gyfer coleg amaethyddol. Ond fedra i ddim honni imi gymryd at y gwaith coleg efo llawer mwy o frwdfrydedd na'r gwaith ysgol o'i flaen.

Mi fûm yn Madryn am ryw hanner blwyddyn yn dysgu am wyau a llaeth a chemeg ac economeg, tipyn o bob dim. Hwnnw oedd y tro cynta imi fod oddi cartre go iawn. Ches i ddim problem aros oddi cartre a chysgu mewn dormitoris chwaith – roedd y ffaith 'mod i wedi treulio blynyddoedd yn aros efo chwiorydd fy nhad ym Mrynengan yn help yn hynny o beth. Meibion ffarmwrs, yn naturiol, oedd y rhan fwya o fy nghyd-fyfyrwyr.

Un wythnos mi fydden ni'n gorfod codi'n fore i odro, y cwbwl efo llaw. Wythnos arall byddem yn cael ein hel i weithio efo'r ieir, wythnos wedyn ar y tir. Pan oedd hi'n gyfnod codi tatws roedd pawb ohonon ni wrthi ar yr un job honno. Felly'r oedd pethau'n gweithio.

Yn gymysg â hynny roedden ni'n cael ambell ddarlith.

Roeddwn i'n gwrando, am wn i, a derbyn pa bynnag wybodaeth fyddai'n aros heb ormod o drafferth. Roeddwn i'n sylweddoli nad oedd gen i ddim llawer o obaith ffarmio os nad oedd gen i ffarm. A doeddwn i ddim yn gweld bod angen 'certificate' i baratoi fy hun i fynd yn *was* ffarm. Rhyw rygnu mlaen felly wnes i ond roedd o'n gyfnod pleserus iawn.

Un oedd yno yr un adeg â fi oedd Nefyn, mab y gweinidog carismatig a dadleuol, Tom Nefyn, a thrwyddo fo mi ges gyfarfod ei dad. Roedd y Parch. Tom Nefyn Williams yn byw ym Methesda yr adeg honno, a Nefyn y mab wedi trefnu i'w gyfarfod ar bnawn Sadwrn yng Nghaernarfon. Mi ofynnodd i mi fynd efo fo ac i ffwrdd â'r ddau ohonon ni ar y bws. Roedd y Maes yng Nghaernarfon dan ei sang efo pobol a bysus pan gyrhaeddon ni, ac roedd y dyn 'ma efo gwallt claerwyn yn aros amdanon ni. 'Dowch efo ni,' medda fo wrtha i, a dyma'r bobol ar y Maes yn clirio i wneud lle inni gerdded i'r People's Cafe. Roedd pawb yn ei 'nabod o yn y caffi hefyd ac yn symud i wneud lle i'r tri ohonon ni wrth fwrdd yn y cefn. Fedrwch chi ddychmygu unrhyw bregethwr yn cael effaith fel hynny heddiw? Dwi ddim yn cofio llawer am y sgwrs ond roedd hi'n dipyn o beth i hogyn ifanc yr adeg honno gael bwyta *fish and chips* efo Tom Nefyn.

Un o bleserau'r cyfnod oedd mynd i Bwllheli bob nos Fercher efo bws Caelloi. Mi fyddai'r dre'n llawn o longwrs a soldiwrs aballu, cannoedd ohonyn nhw. Felly os oedd rhywun ohonon ni hogia Madryn yn ffansïo rhyw hogan doedd ganddo ddim gobaith mul, efo'r rhain i gyd o gwmpas. Roeddan ni'n rhy ifanc a doedd ganddon ni ddim iwnifform.

Isaac Jones oedd enw'r prifathro. Roedd hwnnw'n ŵr neilltuol o fonheddig a pharod ei gymwynas, ac yn flaenllaw efo enwad yr Annibynwyr. Ond roedd 'na Isaac Jones arall fyddai'n dod yno i'n gweld ni weithiau. Roedd hwnnw'n ddyn pwysig, yn ŵr mawr ofnadwy, Cymro efo rhyw Saesneg rhyfeddol o grand, fel tasa fo wedi dod o goluddion Buckinghamshire. Roedd o'n rhyw fath o reolwr ffarm ar Stad Nanhoron ac yn cael ei alw i roi ambell ddarlith yng Ngholeg Madryn. Mi aeth y darlithoedd yn angof, ond y peth ydw i'n ei gofio fwyaf amdano ydi iddo fo sefyll o'n blaenau ni a rhoi pregeth inni pan oedden ni ar fin gadael y Coleg. A'r hyn ddywedodd o oedd rhyw eiriau fel 'I'll give you all the privilege of coming up to speak to me if you should happen to see me on the street in Pwllheli.' Twll dy din di Ffaro, medden ninnau.

Mi gefais ryw fath o dystysgrif ar ddiwedd y cyfnod ym Madryn. Roedd 'na gyfle inni wedyn fynd ymlaen i Fferm y Coleg yn Aber ger Bangor, ac oddi yno mi aeth un neu ddau ymlaen i'r Brifysgol yn Aberystwyth i wneud gradd mewn Amaethyddiaeth. Ond doedd gen i ddim llawer o ddiddordeb. Roedd hi'n rhyfel a finnau'n nesu at ddeunaw oed. Penderfynu tynnu'r yrfa amaethyddol i ben wnes i.

Dyn y Relwê

Roedd y rhyfel yn dirwyn i ben a finnau wedi cael fy 'medical' ar gyfer y lluoedd arfog. Ond roedd Nhad yn nabod gorsaf-feistr Afonwen, dyn o'r enw D. C. Owen a gafodd unwaith gyfnod byr o anfarwoldeb am iddo achub Pont y Bermo pan aeth hi ar dân. Mi achubodd finnau rhag y fyddin trwy helpu i gael job imi yn stesion Porthmadog, gwaith oedd yn cael ei ystyried yn 'essential work' adeg y rhyfel. Roeddwn i'n meddwl weithiau, yn ystod y misoedd wedyn, y byddai'r lluoedd arfog wedi bod yn alwedigaeth fwy diogel.

Yn y bwcing offis roeddwn i'n dechrau, a sôn am le oedd hwnnw. Idris Thomas oedd enw'r 'stationmaster' ac mi fyddai'n siarad trwy'i drwyn. Rhyw sgyrsiau fel hyn fydden ni'n gael: 'Be 'dach chi'n neud?' 'Dim byd ar y funud.' 'Dowch efo fi'. Ac mi fydda fo'n mynd â ni i'r offis lle'r oedd y 'timetables'. 'Dwi isio trafeilio fory o Port i Dess' – mi fyddai bob amser yn siŵr o enwi rhyw le na fyddai neb erioed wedi clywed sôn amdano – 'Dwi isio gwybod pryd i adael Port, lle bydda i'n newid trên, lle i newid lein, pryd bydda i'n cyrraedd Dess, a faint fydd y ffêr...' Yn gynta mi fydda rhaid cael hyd i'r blydi Dess 'ma, ac roedd y llyfr oedd yn cynnwys y wybodaeth honno yn bedair modfedd o drwch. Dod o hyd i'r lle yn y diwedd, rhywle ym mherfeddion yr 'Highlands' yn yr Alban. Roedd hi'n dasg felltigedig ac mi fyddai'r cyfan wedi cymryd awr neu ddwy. Mi fyddai pob trên wedi hen adael pe bae'r teithiwr druan yn dibynnu arna i. Y peth pwysig, felly, oedd gwneud yn siŵr ein bod yn symud bob tro roedden ni'n clywed pesychiad Mr Thomas ar y platffwt, i ddefnyddio gair Wil Sam.

Wedi rhyw ddau neu dri mis mi flinais ar y bwcing offis. Roedd yn gas gen i gael fy nghau rhwng pedair wal, yn enwedig wrth weld hogiau ifanc tua 'run oed â fi yn cael neidio ar yr injan a mynd am dro ar y trêns. Taniwrs ifanc oedd y rheini, yn cael gwneud y gwaith hwnnw'n ieuengach nag y bydden nhw fel arfer am ei bod hi'n amser rhyfel.

Gwnes innau gais am gael gweithio yn y loco, a chael fy nerbyn ar yr amod 'mod i'n pasio prawf a 'medical' yn Swindon. Hwnnw oedd y man cychwyn i bawb yn ei yrfa a, thros y blynyddoedd, rydw i wedi cyfarfod sawl un o weithwyr y Great Western oedd wedi bod yn aros yn yr un tŷ lojin â fi yn Swindon. Mrs Hunt oedd yn cadw'r llety, a'r peth cynta fydda hi'n ofyn i bawb oedd yn mynd trwy'r drws oedd 'Do you wear Brylcreem?' Os mai 'Yes' oedd yr ateb mi fydda'r lojar hwnnw'n cael towel i'w wisgo rownd ei ben wrth gysgu, er mwyn arbed y dillad gwlâu.

Roedd pawb yn eistedd rownd yr un bwrdd amser brecwast. Oherwydd y rhyfel, digon prin fyddai'r becyn ac wyau ac ati ond un peth fyddai pawb yn ei gael oedd y 'black pudding' 'ma, a doedd dim llawer o neb yn hoff o hwnnw. Trwy lwc roedd ganddi hen gi mawr tew, blewog, ac mi fyddai hwnnw'n sniffian rownd y bwrdd a rownd ein traed bob bore. Dim rhyfedd ei fod o mor dew. Fo oedd yn cael y 'black pudding' i gyd.

Mi fydden ni'n cael pob math o brofion yn Swindon ond y peth pwysica oedd gwneud yn siŵr ein bod ni'n nabod lliwiau. Fasa dreifar trên 'colour blind' yn da i ddim i neb. Y ffordd y bydden nhw'n ein profi oedd rhoi toman o wahanol edau o bob lliw dan haul i ni, tynnu un allan a gwneud i ni chwilio am chwech o rai eraill yr un lliw. Ac os oedd unrhyw un yn medru profi ei fod o'n gwybod y gwahaniaeth rhwng coch a gwyrdd roedd o'n gadwedig. Roedd o yn y loco.

I mewn â finnau wedyn i'r siediau ym Mhorthmadog. Roedd 'na beth bynnag chwech injan yn dod i fewn i'r siediau bob nos. Ac mi fydda 'na dri ohonon ni'n gyfrifol am eu llnau. Roedd pawb oedd yn gweithio yno, pob taniwr a phob dreifar, wedi bod yn glînar ar un adeg. Dechrau yn y gwaelod isaf a gweithio'i hun i fyny ymhen blynyddoedd, dyna oedd y gobaith. Ond busnes ofnadwy oedd y busnes clînars 'ma.

Roedd 'na dri ohonon ni wrth y gwaith: Percy o'r Penrhyn, Tom o Borthmadog, a finna. Dechrau am naw bob nos, gorffen am chwech bore drannoeth. Adra ac yn syth i 'ngwely. Dwi'n cofio un haf na welais i fawr ddim haul, dim ond rhyw fymryn yn y bore ac ambell ddydd Sul a nos Sadwrn. Roedd o bron fel gweithio mewn pwll glo.

Mi fyddan ni'n gorfod stwffio'n hunain i mewn i 'bearings' yr hen injans 'ma. Yn y fan honno roedd 'na fel bocsus yn llawn o 'cotton waste', darnau o hen edafedd a phethau felly, a'n gwaith ni oedd rhoi olew yn y rheini. Os na fyddai rhywun yn y llyfrau efo'r 'chargeman' mi ddeuda wrthon ni am llnau injan gyfan drosti efo TVO neu rywbeth. Roedd ganddon ni wyth awr i wneud y gwaith, ac mi fydda'r hen injan yn sgleinio drosti erbyn y diwedd.

Weithiau mi fydden ni'n mynd i roi help i'r colman, y dyn oedd yn llenwi byncar yr injan bob nos. Sieflio glo o wagen ddeugain tunnell drosodd i'r byncars 'ma bob nos, dyna oedd gwaith hwnnw. Job ofnadwy.

Nos Sul oedd y noson waetha achos mi fyddai isio tanio pob injan. Roedden nhw wedi mynd yn oer ar ôl bod yn segur, felly mi fyddai rhaid paratoi'r tân reit o'r dechrau. Roedd 'na ffordd arbennig o wneud yr orchwyl honno. Mi fyddai gweithwyr Machynlleth yn gyrru coed tân i ni, wedi cael eu hoelio ar draws ei gilydd i wneud sgwariau efo twll yn y canol. Llenwi hwnnw'n llawn dop efo 'cotton waste', a rhoi paraffin neu TVO ynddo fo. Lluchio rhyw dri o'r rheini i mewn i'r bocs tân a wedyn gosod y glo arnyn nhw nes ei fod o'n dechrau tanio, a mwy o lo ar ben hwnnw wedyn. Roedd chwech injan yn creu y mwg mwya diawledig. Mi welais fynd yno ar nos Sul a chymaint o fwg yn y sied, prin roedd rhywun yn medru gweld ei law heb sôn am yr injan. Yn sgil hyn i gyd mi ges ddos go ddrwg o fronceitis. Ond yn ôl i'r gwaith roedd rhaid mynd, am ei fod o'n 'essential work'. Roedd swyddfa'r dôl yn benderfynol nad oedd neb oedd wedi cael ei arbed rhag mynd i'r rhyfel yn cael dianc rhag y gwaith hanfodol. Roedd yn rhaid dal ati doed a ddelo.

Weithiau mi fyddwn i'n cael mynd allan i danio yn lle rhywun oedd yn sâl ac roeddwn wrth fy modd ar yr adegau hynny. Rhwng Pwllheli a Dyfi Junction y byddai'r rhan fwya o'r tripiau, a hynny ar y trên nwyddau fel arfer. Roedd y dreifars yn bobol glên iawn. Mi fydda un y byddwn i'n mynd efo fo bob amser yn gadael clap mawr o lo ar y lein wrth fynd dros y crossing rhwng Harlech a Bermo, er mwyn i'r hen wraig oedd yn gofalu am y crossing ei gael o i wneud tân. Ac roedd rhai o'r hen daniwrs, rhai fel Fred Evans a Wil Bala, yn dda iawn am ddysgu'r criw ifanc. Mi welais Wil Bala yn dod â model o injan i mewn efo fo er mwyn dangos i ni sut oedd hi'n gweithio.

Mi fûm yn tanio llawer efo dreifar o'r enw George Simmons o Aberhonddu, un o amryw o'r De oedd wedi dod i fyny i'r Gogledd ar y Great Western. Os byddai'r injan yn mynd i'r sied am y noson, y peth pwysig oedd gofalu nad oedden ni'n rhoi gormod o lo ar y tân, er mwyn gwneud pethau'n haws i'r dyn yn y siediau fyddai'n 'llnau tân' ar ddiwedd y siwrnai. Dwi'n cofio ni'n dod adre un noson o Bermo a'r hen George yn erbyn rhoi mwy o lo, ac mi aethom yn styc wrth ddringo banc Penrhyndeudraeth. Doedd 'na ddim digon o stêm i'n tynnu ni drosodd. Ac aros yno fu raid inni nes medru codi digon o stêm. Mae'n siŵr mai fy niffyg profiad i oedd yn gyfrifol am yr anffawd.

Ond roedd digon o hwyl i'w gael hefyd. Mi fyddai'r hen 'chargeman' oedd yn gofalu amdanon ni, y tri clînar, yn mynd adra tua hanner nos am damaid o swper a rhyw gyntun bach. Cyn hynny mi fyddai wedi cael boliad o gwrw cyn i'r tafarnau gau am naw a fydden ni ddim yn ei weld o wedyn tan tua phedwar yn y bore. Unwaith roedd o wedi troi'i gefn dyna hi wedyn, roedden ni'n gwneud fel fynnon ni ac yn dechrau mwynhau'n hunain. Roedd yno hen gaban bach efo tanllwyth o dân, ac mi fydden ni bob amser yn mynd â the oer efo ni mewn potel a'i roi o ar ben y stof i gynhesu, ac er y byddai'r stof yn wynias welais i erioed mo'r poteli'n byrstio.

Un noson roedd y tri ohonon ni yn y caban 'ma yn chwarae o gwmpas a gwneud fawr o ddim byd a phan oedd hi dipyn wedi hanner nos dyma ni'n clywed rhyw sŵn carlamu y tu allan. Gwaeddodd rhywun, 'Diawl mae 'na geffyl ar y platfform.' Allan â ni a phwy oedd yno ond yr hen 'chargeman' yn rhedeg, ei sgidia hoelion o'n fflachio ar y platfform ac yn gweiddi nerth esgyrn ei ben 'The war is over, the war is over... Put the shovels on the hooters!' Beth oeddan ni'n wneud wedyn oedd clymu siefl ar hwteri pob un o'r chwe injan, nes bod y chwech yn gwneud sŵn byddarol WwwwwWwwwwWwwww dros y dre i gyd. Mae'n rhaid mai Awst 1945 oedd hi, ar ôl y bomiau yn Hiroshima a Nagazaki, nid ein bod ni'n gwybod dim am hynny ar y pryd.

Dwi'n cofio mynd i fyny'r stryd a gweld golau ym mhob man, doedd neb wedi arfer gweld golau o achos y blacowt. Roedd rhywun wedi dod â phiano i dop y stryd ac yn ei chwarae yn fanno a miri mawr ym mhob man i ddathlu bod y rhyfel yn y Dwyrain wedi dod i ben.

Dyna'r noson sy'n aros gliriaf yn fy nghof am gyfnod y lein. Roeddwn i'n casáu'r bwcing offis a'r siediau loco fel ei gilydd. Ac un peth arall a'm tarodd oedd gweld William Evans, chwe deg pump oed, yn cyrraedd yno'n ddeddfol i ddechrau gweithio am hanner awr wedi tri yn y bore. 'Wel myn diawl i,' medda fi, 'fydd fan hyn ddim yn lle i mi yn bump a thrigain.' Roedd gen i hawl i adael yr 'essential work' rwan bod y rhyfel drosodd. A dyna beth wnes i, er nad oedd gen i ddim byd arall mewn golwg. Gwd bei, Great Western.

Ffarm a Gweithdy

Os oedd bywyd y relwê yn medru bod yn uffern ar y ddaear, roedd y flwyddyn a'i dilynodd yn nes at y nefoedd. Rhyw gicio fy sodlau yn ardal Rhoslan y bûm i am gyfnod, a helpu yma ac acw ar ambell i ffarm, gan bicio i nôl fy mhedwar swllt ar bymtheg o bres dôl bob dydd Gwener. Roeddwn ar fy ffordd adre o'r orchwyl honno ar fy meic un diwrnod ac yn cerdded i fyny allt Rhyd y Benllig. Yno roeddwn i'n loetran ac yn pwyso ar y beic a phwy ddaeth heibio efo ceffyl a throl â'i llond hi o datws ond John Gabriel Jones, Tyddyn Cwcallt. 'Wyt ti'n gweithio rwan?' medda fo. 'Nag ydw,' meddwn i. 'Tyrd i weithio i mi,' medda fo. 'Pryd ydach chi isio imi ddechra?' 'Rwan,' medda fo. A felly y bu. Yn lle mynd adre, mynd efo John i Dyddyn Cwcallt wnes i. Yno y bûm i am bron i flwyddyn, a bron na ddeudwn i mai dyna'r flwyddyn hapusaf a fu yn fy mywyd.

Wel sôn am sbort! Anghofia i byth mo John Gabriel. Dwi'n ei gofio fo'n dweud ei fod wedi rhoi ei fryd ar ymuno â'r heddlu unwaith, yr un fath â'i ewythr, oedd yn blismon yn Sir Fôn. Problem John oedd nad oedd o ddim yn ddigon tal. Felly mi gymrodd gwrs Charles Atlas yn y gobaith y byddai hynny'n ychwanegu rhyw fodfedd at ei hyd yn ogystal â'i led. Wnaeth o ddim gwneud yr un fath â'r dyn hwnnw yn nrama Wil Sam, *Llifeiriau*, sef hongian wrth raff cloch yr eglwys i ymestyn ei daldra. Methiant hefyd fu ymdrech Charles Atlas i stretsio John, a gweini ffarmwrs fu ei hanes nes iddo gael ei ffarm ei hun.

Dro arall mi fyddai'n ffansïo'i hun fel rhyw ganwr opera. Wrth odro mi fyddai'n morio 'Bugeilio'r Gwenith Gwyn' a 'Bugail Aberdyfi' a gwneud y fath sŵn nes bod y buchod yn dal eu llaeth. Ond ddaeth y canu chwaith ddim yn yrfa broffesiynol.

Roedd o'n cadw tua un ar hugain o wartheg yn Nhyddyn Cwcallt a ninnau'n godro'r rheini i gyd efo'n dwylo. Wedyn mi fyddai'n mynd i ffwrdd i rywle ar fy meic i, fel na fedrwn innau ddim mynd o'no nes y byddai'r beic yn ôl.

Roedd un peth yn creu penbleth iddo a byddai'n ei drafod bob hyn a hyn yn ei sgwrs. Roedd o'n gwybod pwy oedd ei fam o ond doedd neb yn siŵr pwy oedd ei dad. Nid ei fod o'n malio llawer, roedd o'n ddigon cyffforddus ynglŷn â'r busnes.

'Maen nhw'n deud,' medda fo wrtha i un diwrnod, 'mai rhyw Robin Rodyn oedd fy nhad. Does 'na neb yn ei gofio fo hyd y fan 'ma, heblaw yr hen Leias Bwlch Dwyfor o bosib, mae hwnnw mewn oed go fawr. Dwi jest nad awn i draw i'w weld o, i edrych be' ddeudith o wrtha i, a deud sut un oedd Robin Rodyn.' 'Isio ichi fynd sydd, i drio cael tipyn o hanes eich teulu,' meddwn i. 'Dwi bron nad awn i,' medda fo.

A dyma fo'n dweud wrtha i un nos Iau yn fuan wedyn: 'Dwi am fynd i weld rhen Leias Bwlch Dwyfor heno ar ôl swper.' Ac felly bu. Mi es innau adre a mynd yn ôl ben bore drannoeth ar gyfer y godro. 'Sut aeth hi neithiwr?' holais. 'Wel mi es i draw yno,' medda fo, 'a fanno roedd

76

rhen Leias yn ista wrth y tân. Mi fuon ni'n sgwrsio am bob dim dan haul, ond fedrwn i yn fy myw ofyn y cwestiwn roeddwn i wedi mynd yno i'w ofyn. Mi aeth hi'n hwyr, mi aeth yn dipyn wedi deg, a ninnau'n dal i siarad a dyma fi'n meddwl, wel diawl fedra i ddim mynd o'ma heb ofyn, a finna wedi dwad cyn belled â hyn. Fel ro'n i'n codi ac yn cydio yng nghlicied y drws, dyma fi'n ei mentro hi. 'Leias Jones, deudwch i mi, sut ddyn oedd Robin Rodyn?' Roedd 'na saib hir. 'Be oedd ei ateb o?' meddwn i. Saib hirach. 'Wyddost ti be ddeudodd y diawl gwirion wrtha i?' ' Na wn i. Be?' 'Dos adra 'ngwas i a sbia yn y glass!'

Dwi'n cofio un o'r dyddiau cynta pan oeddwn i yno'n gweithio, a finnau ddim yn ei nabod o'n dda bryd hynny. Roedden ni wrthi'n codi moron mewn cae heb fod ymhell o'r tŷ, ar ein penagliniau efo hen sachau am ein coesau, a John Gabriel yn llawn hanesion difyr amdano fo'n gweini yn yr ardaloedd yma. Roedd hi tua phedwar o'r gloch y pnawn a dyma ryw floedd 'WwwwWwww...' o gyfeiriad y tŷ. 'Be sy 'na?' meddwn i. 'Y wraig,' medda fo. 'Galw i ddweud bod te'n barod.' 'Sut oedd hi'n medru gwneud y sŵn 'na?' meddwn i, gan feddwl bod ganddi ryw gorn neu rywbeth pwrpasol at y dasg. 'Efo'i cheg,' medda John. 'Mae hi'n medru gwneud efo'i thin hefyd pan fydda i yma fy hun!'

Roedd o'n dal i adael i mi fynd bob dydd Gwener ar fy meic i nôl y dôl. 'Os gweli di rywun diarth yn dwad i'r iard 'ma dos i guddio,' medda fo, ond ddaeth hi ddim i hynny.

Roedd gen i dipyn o brofiad o weithio ar ffermydd cyn hynny, heb sôn am y cyfnod yng Ngholeg Madryn, ac am wn i na fuaswn i wedi bodloni i 'weini ffarmwrs' weddill fy mywyd oni bai i Meredydd Rowlands, adeiladydd o Lanystumdwy, ddigwydd dod i Dyddyn Cwcallt i wneud rhyw waith coed i John Gabriel. Roeddwn i'n 'nabod Meredydd gan mai fo oedd yn dysgu tonic sol-ffa inni yng nghapel Rhoslan, cyn iddo symud i fyw i Lanystumdwy. Dyma ddechrau sgwrsio am hyn a'r llall a Meredydd yn gofyn, 'Be' wyt ti'n wneud yn fan hyn? Am ddal i weini wyt ti?' 'Dwi'm yn gwybod,' meddwn innau.

Roedd John Gabriel ar y pryd yn bwriadu gadael Tyddyn Cwcallt a symud i ffarm Cwm Mawr yng Nghwm Ystradllyn. Rhoddodd gynnig i minnau symud i weithio iddo yn y ffarm honno, ac mae'n bosib mai dyna fuasai wedi digwydd oni bai i Meredydd Rowlands gynnig imi fynd ato i brentisio fel saer coed.

Derbyn y cynnig hwnnw wnes i, a dechrau ar fy mhrentisiaeth yng ngweithdy Tyddyn Sianel, Llanystumdwy. Roedd hyn yn dipyn o gaethiwed ar y dechrau o'i gymharu â'r rhyddid ar y ffarm efo John Gabriel. Ond mi ddois i gynefino, ac i ymgodymu â'r gwaith manwl o drin coed. Y saer yn y gweithdy oedd Robert Jones, Penybont, neu Bobi fel y byddem yn ei alw; roedd yn grefftwr medrus iawn ac yn barod i ddangos a dysgu. Yn hynny o beth roedd o'n gyw o frid – ei daid oedd prifathro ysgol Llanystumdwy pan oedd Lloyd George yn ddisgybl yno.

Roeddwn i dros ddeunaw oed yn dechrau prentisio, braidd yn hen o bosib, ond buan yr oedd rhywun yn dod i'r arferiad. Ar ôl imi fod yno am tua blwyddyn daeth Richard Parry o Garndolbenmaen yn brentis atom a dyna lle'r oedden ni'n deulu difyr. Y dyddiau hynny roedd Meredydd Rowlands yn codi'r tai cyngor yn Llithfaen – y stad lle bûm yn actio yn y ffilm 'Oed yr Addewid' dros hanner can mlynedd yn ddiweddarach. Yn ystod y gwaith hwnnw daeth saer arall i ymuno â ni sef William Williams neu Wil Gwynfryn. Roedd Wil wedi bwrw'i brentisiaeth yn barod, ac yn frawd i Jac Williams, awdur y llyfr *Pigau'r Sêr*, a'r Parchedig Robin Williams. Fel seiri geiriau yn bennaf y daeth ei frodyr i amlygrwydd, ond roedd Wil yn saer coed medrus iawn.

Roedden ni'n cynhyrchu tipyn o bopeth yn y gweithdy, o ffenest i ddrws, o ferfa i arch. Mi welais wneud trol yno unwaith, yr unig un wnes i erioed. Yno y bûm i am dair blynedd ar ddeg, nes i Wil a minnau fynd i fusnes gyda'n gilydd a sefydlu gweithdy yn Rhoslan. Ein gwaith cynta ni oedd ailwampio hen blasty Talhenbont, Llanystumdwy. Roedd Wil o'r farn ei fod wedi teimlo ysbryd yno unwaith pan oedd o'n gweithio i stad y Gwynfryn, oedd yn berchen y plas flynyddoedd cyn i ni fynd yno i weithio, ond theimlais i ddim byd allan o'r cyffredin yn y lle.

Gorchwyl arall a roddodd bleser mawr i'r ddau ohonom oedd adnewyddu'r gwaith coed yn hen eglwys Sant Gwynhoedl yn Llangwnnadl ym Mhen Llŷn. Roedd hyn yn golygu gwneud seti, lloriau, drws a chypyrddau newydd yn yr hen eglwys. Mae'r gwaith, i gyd o dderw, i'w weld yno o hyd ac mi fydd yno am ganrifoedd eto, gobeithio. Jac Williams, brawd Wil, fu'n cynllunio a rheoli'r gwaith.

★ ★ ★

Mae'r dylanwadau ar fywyd rhywun yn dod o'r llefydd

mwya annisgwyl. Digwyddodd un o'r troeon hynny yn fy hanes i pan oeddwn i'n brentis saer yn Llanystumdwy.

Roedd 'na gwpwl yn byw yn Rhoslan, Dr a Mrs Cox, oedd wedi symud yno yn ystod y rhyfel. Byddai Mrs Cox yn gofyn i mi fynd yno i wneud mân jobsus o gwmpas y tŷ ar bnawniau Sadwrn. Mi fyddwn innau'n mynd ar fy moto beic, i wneud giât neu osod silff neu drwsio lander. Hen athrawes oedd hi ac mi fyddai'n fy ngwahodd i'r tŷ am sgwrs a dyma hi'n gofyn i mi ryw ddiwrnod uwch ben paned o goffi, 'Have you ever heard of Kathleen Ferrier?' 'No,' medda fi, 'I've no idea who she is.' Dywedodd hanes yr eneth yma o ogledd Lloegr oedd wedi dechrau ei gyrfa yn gweithio mewn cyfnewidfa deliffon cyn i rywun ddarganfod y llais contralto gwych yma a'i gwnaeth hi'n gantores fyd-enwog. 'Now I want you to listen to her,' medda hi. A dyma roi record o Kathleen Ferrier ar hen gramaffon oedd rhaid ei weindio, a honno'n canu 'What is life to me without thee.' Doeddwn i erioed wedi clywed y ffasiwn beth, roedd hi'n fendigedig. 'Here you are,' meddai Mrs Cox a rhoi llyfr imi ar hanes bywyd y gantores. 'Take that home with you and read it. When you bring it back I'll be asking you questions about Kathleen Ferrier.'

Roedd hi'n gresynu pan ddeudais wrthi na fyddwn i ddim yn darllen llawer o lyfrau. Ond mi gefais flas ar hwn, ac mi fedrais ateb y cwestiynau: doedd hyn yn ddim byd tebyg i arholiadau'r ysgol ac roeddwn yn cael blas ar y darllen. 'Have you heard of John Buchan?' meddai hi y tro wedyn. 'No.' 'Here you are'. Mi fyddai'n rhoi benthyg y llyfrau yma imi ac wedyn mi fydden ni'n cael sgwrs amdanyn nhw. 'Wilfred Owen?' 'No.' 'Listen to this,' meddai hi, a darllen rhyw gerdd lle'r oedd y bardd yn dweud peth mor hyfryd oedd teimlo dŵr cynnes ar ei ddwylo. 'Take the book and read it!' Bu'n trafod llythyr Siegfried Sassoon, un arall o feirdd y Rhyfel Mawr, a'r storm a achoswyd gan lythyr yr oedd o wedi'i yrru i'r *Times* yn ystod y rhyfel. Felly y bydden ni, yn eistedd i lawr ac yn sgwrsio am y petha 'ma. Fyddwn i'n gwneud dim gwaith saer yno weithiau, hwyrach mai rhyw un hoelen fyddwn i wedi guro trwy'r pnawn, ond mi ddarllenais lyfrau John Buchan i gyd, a sawl llyfr arall.

Mi ddaru hyn ennyn awydd i ddarllen mwy a chymryd diddordeb mewn pethau nad oeddwn i wedi eu cael yn yr ysgol erioed, ac roeddwn i'n hapusach erbyn hyn yn fy ngwaith fel saer. Mae gen i ddyled fawr i'r wraig yma am ddangos diddordeb ynddo i; am blannu'r syniad bod yna fwy na gwaith mewn bywyd a bod yna lawer i'w gael mewn barddoniaeth a llenyddiaeth, dim ond i rywun fynd i chwilio amdano.

Adrodd

Yn ystod y cyfnod ar y ffarm efo John Gabriel y cyfarfûm â'r ferch a ddaeth, ymhen amser, yn wraig imi. A'r rhyfel newydd orffen roedd mynd mawr ar ddawnsfeydd yn y Neuadd Goffa yng Nghricieth; doedd dim sôn am ddisgo yn y dyddiau hynny. Ac yn y ddawns y cyfarfûm â Jane Elizabeth Roberts, merch i chwarelwr, Edward Owen Roberts a'i wraig Lizzie oedd yn byw yn Bod Gwilym, Cwm-y-glo ger Caernarfon. Roedd Jean yn un o bump o blant ac yn gweithio yng ngwesty'r George yng Nghricieth ar y pryd.

Bu wedyn yn gweithio yn Llandudno ond daeth yn ôl ymhen amser i Gricieth. Fe briodon ni yn 1950 yn Eglwys Llanrug pan oedden ni'n dau yn ddwy ar hugain oed. Roedd arian yn brin ac mi wnaethom ein cartref efo Nhad ym Mrythonfa, Rhoslan. Mae fy niolchgarwch i Jean hyd heddiw am edrych ar ôl Cennin yn ei henaint. Mi fu Nhad efo ni am bedair blynedd, y flwyddyn olaf yn orweddedig yn ei wely. Roedd ei olwg yn pallu ers blynyddoedd er bod ei feddwl yn iawn. 'Hen ŵr wyneb-lawen â'i wallt cyn wynned â'r ffon y pwysai arni,' oedd disgrifiad y newyddiadurwr Dyfed Evans ohono mewn erthygl a gyhoeddwyd yn *Y Cymro* ym Medi 1951. Gofynnodd Dyfed iddo beth oedd cyfrinach ei oes hir. 'Am fy mod wedi gwneud fy ngorau i bawb trwy fy oes,' meddai. 'Yn sicr dyna pam yr wyf mor hapus heddiw.'

Nid Cennin yn unig oedd angen gofal mawr gan Jean ym mlynyddoedd cyntaf ein priodas. Fe anwyd Bob, y cyntaf o'n pum plentyn, yn 1951. Nid bach o beth i wraig ifanc oedd ymrafael â'r holl gyfrifoldeb. Ond mi wnaeth Jean ei rhan yn gwbl ddirwgnach.

Roedd Cennin yn 89 oed pan fu farw yn 1954. 'Eighty nine wyt ti'n awr' oedd un o'i linellau cynganeddol olaf. Fe'i claddwyd ym mynwent Chwilog hefo'i wraig gyntaf, Laura, a'r plentyn bach a fu farw gyda'i fam ar ei enedigaeth. Yn ei flynyddoedd olaf cafodd fy ngweld innau'n dechrau ar weithgaredd oedd wedi bod yn rhan ganolog o'i fywyd yntau, ac a arweiniodd yn y pen draw at alwedigaeth newydd i mi.

Roeddwn i wedi bod yn edrych ar raglen Eisteddfod Cricieth ac wedi sylwi mai rhyw R. J. Williams o Lithfaen oedd yn beirniadu'r adrodd. Roedd Robert John Williams wedi ennill ar y prif adroddiad yn yr Eisteddfod Genedlaethol yn Nolgellau. Bu'n chwarelwr, yn dyddynnwr ac yn gynghorydd yn ogystal ag adroddwr, dyn oedd yn llawn haeddu cael ei ddisgrifio, fel y gwnaeth rhywun mewn erthygl bapur newydd, fel gwerinwr diwylliedig. 'Wyddost ti be,' medda Nhad, 'Mi fûm i'n dysgu gwraig R. J. Williams i adrodd, ac mi enillodd fedal yn rhywle. Os wyt ti am fynd i'r steddfod dos am sgwrs efo fo.' I'r steddfod â mi, a gwrando ar rai ohonyn nhw'n adrodd. Doedd gen i ddim cymaint â hynny o ddiddordeb yn y syniad o adrodd fy hun, er imi fod wrthi yn blentyn, ond fedrwn i ddim peidio â meddwl ar ôl eu clywed nhw, 'Synnwn i ddim na wnawn i cystal â'r rhain!' Ar ddiwedd y steddfod dyma fi'n mynd draw at R. J. a chyflwyno fy hun. 'Dwi'n credu,' medda fi, 'bod hen ddyn fy nhad wedi bod yn dysgu'ch gwraig chi i adrodd.' 'Duwch, Cennin ydach chi'n feddwl!' medda fo. A dyma fi'n mentro gofyn, 'Taswn i'n dysgu rhyw ran i'w adrodd tybed fasach chi'n fodlon gwrando arna i, a chynnig ambell gyngor?' 'Gwna'n tad,' medda fo, 'Dowch draw gynta byddwch chi wedi dysgu'r darn.'

Dwi'n cofio'r darn cynta hwnnw'n iawn: 'Baled yr Ynad Coch' gan R. Bryn Williams. Roedd o hefyd yn digwydd bod yn ddarn gosod yn Eisteddfod Genedlaethol y Rhyl o dan 25 oed. Mi es i Lithfaen ar fy moto beic a chael profi cynhesrwydd aelwyd Robert John a'i deulu ym Mryn Meirion. Mi wrandawodd arna i a fy nhywys i'r cyfeiriad roedd o'n gyfarwydd ag o ei hun fel adroddwr, ac mi gaed rhyw fath o drefn ar bethau. Roedd Eisteddfod Chwilog yn cael ei chynnal ar ddiwrnod Nadolig yn y cyfnod hwnnw. Go brin y byddai neb yn yr oes yma'n teimlo fel steddfota ar ôl gorffen eu twrci ond felly y byddai hi yr adeg honno. Mi es i Chwilog i adrodd am yr Ynad Coch ac mi enillais. Ymlaen i steddfod Roshirwaun wedyn, ac ennill eto dan feirniadaeth Dr John Gwilym Jones. Roeddwn i'n dechrau magu hyder ac, ym mis Awst y flwyddyn honno, mi fentrais ar fy moto beic i Eisteddfod Genedlaethol y Rhyl hefo'r Ynad Coch. Ail gefais i yno; pwy curodd fi ond Goronwy Wynne, Licswm – Doctor Goronwy Wynne erbyn heddiw.

Wrth ddechrau cael blas ar grwydro steddfodau roeddwn i'n cyfarfod yr un bobol bob tro ac mi sylweddolais bod hyn yn ffordd o fyw i lawer ohonyn nhw. Roedden nhw'n treulio pob gaeaf yn teithio o steddfod i steddfod. Bron na allech chi eu galw nhw, yn iaith heddiw, yn adroddwyr proffesiynol; rhai oedd yn 'mynd er mwyn y wobr' meddai Williams Parry yn rhywle. Roedden nhw'n cynnwys pobol fel T. J. Williams neu 'Brynfab', Carmel; Gwyneth, Carmel; Oswald Griffith, Bangor; Christmas, Pen-y-groes; Jennie Williams, Waunfawr, i enwi dim ond ychydig. O dipyn i beth mi ddois innau'n un o'r brid. Pawb yn ennill weithiau a cholli dro arall, felly y bydden ni ymysg ein gilydd.

Cyn bo hir roeddwn i'n cystadlu mewn pymtheg ar hugain o steddfodau mewn blwyddyn, o rai lleol fel Butlin's a Bwlchtocyn i rai mawr fel Steddfod Môn a Steddfod Powys. Roedd gen i foto beic ac wedyn car i fynd o gwmpas, ond efo bws y byddai llawer o'r criw'n trafeilio. Roedd eu dyfalbarhad nhw'n anhygoel. Un y dois i'n ffrindiau efo fo oedd Emlyn Philip Jones o Nebo. Mi fydda fo ym mhob steddfod, yn adrodd rhyw ddarn gan Gwenallt fel arfer. Dwi'n cofio'i weld o unwaith yn steddfod Rhoshirwaun pan ddaeth hi'n eira mawr. Doedd ganddo ddim syniad sut roedd o am fynd adre felly mi rois reid iddo ar fy moto beic i Roslan. Doeddwn i ddim am fentro ymhellach na hynny ar y beic ac mi rois gynnig iddo aros y noson. Ond mynnu cerdded adre i Nebo wnaeth o, siwrnai o ryw wyth milltir ar y fath dywydd.

Y brenin ar yr adroddwyr oedd Brynfab, oedd mewn tipyn o oed erbyn hyn. Roedd o wedi bod wrthi am dros ddeng mlynedd ar hugain ac yn cymryd y gwaith o ddifri. Byddai'n gwisgo côt ddu, trywsus pin streip a thei ddu, ac roedd o wedi ennill yn y genedlaethol fwy nag unwaith. Ond doedd o ddim yn un ymfflamychol fel rhai adroddwyr. *Dweud* y darn y bydda fo, nid rhyw fytheirio. Ar ôl i mi gael car mi ofynnodd i mi fuaswn i'n rhoi reid iddo fo i un steddfod, ac felly y bu. Efo'n gilydd y bydden ni'n teithio'r wlad wedyn, er ein bod ni'n cystadlu yn erbyn ein gilydd. Roeddwn i'n dysgu llawer wrth sgwrsio efo fo yn y car. 'Beth ydi'ch dewisiad chi?' medda fo wrtha i unwaith yn Steddfod Butlin's, Pwllheli. 'Diawl, dim ond un sy gen i!' medda fi. 'Rydach chi'n lwcus,' medda Brynfab. 'Mae gen i gymaint ohonyn nhw mae'n anodd iawn gwybod pa un i'w ddewis.'

Mi fu farw'r hen Brynfab, ac ambell un arall o'r criw, ond roedd 'na do newydd yn codi. Yn flaenllaw yn eu plith roedd Brian Owen o'r Groeslon, oedd yn cael ei ddysgu gan y darlithydd a'r dramodydd John Gwilym Jones, oedd yn byw yn yr un pentre. Roedd Brian yn un anodd iawn ei guro. Mi ddechreuon ninnau drafeilio efo'n gilydd er mwyn cael cwmni ac arbed petrol, gan ddefnyddio'n ceir bob yn ail. Cyn bo hir roedden ni'n rhannu'r ysbail hefyd. 'Beth am inni fynd *fifty-fifty*?' medda Brian. 'Os ceith un ohonon ni gynta a'r llall ail mi rannwn ni bopeth yn gyfartal.' A rhyw drefniant felly gafwyd rhyngon ni.

Mi fuom mewn sawl eisteddfod efo'n gilydd ond yr un sy'n aros yn y cof ydi'r gynta o steddfodau mawr Syr David James i gael ei chynnal ym Mhontrhydfendigaid. Roedd 'na wobr anferth yn y fan honno, a chwpan aur fwy anferth byth. Aeth Brian a finnau i adrodd yn y rhagbrofion yn y pnawn a chafodd y ddau ohonon ni fynd drwodd ar y llwyfan. Roedd 'na dipyn o amser tan y gystadleuaeth ac mi arhosodd Brian yn y steddfod, ond gan mai yn fy nghar i roedden ni wedi teithio mi benderfynais i fynd am dro i Dregaron. Roeddwn i wedi clywed llawer o sôn am y lle ac wedi cael fy swyno gan y stori fer 'Cadair Tregaron', ond erioed wedi bod yno. Ar ôl cyrraedd mi drois i mewn i dafarn a chael sgwrs efo hwn a'r llall. Nid fi oedd yr unig steddfodwr oedd wedi mynd i grwydro. Daeth rhyw griw cerdd dant heibio, a phedwarawdau a chorau. Roedden nhw'n gwmni hwyliog iawn, doedd gen i fawr o awydd gadael, a doedd dim brys i wneud hynny. Fel rheol mewn steddfodau y prif adroddiad a'r gwahanol unawdau fyddai'r cystad-laethau olaf, a fyddai'r rheini ddim yn dechrau cyn hanner awr wedi un ar ddeg.

Mi es yn ôl i Bontrhydfendigaid o lech i lwyn a'i gwneud hi am gae'r Steddfod. Dyma rywun ata i gan ofyn lle'r oeddwn i wedi bod: 'Maen nhw wedi bod yn gweiddi amdanat ti, mae'r gystadleuaeth adrodd wedi hen orffen,' meddan nhw. Brian oedd wedi ennill y wobr ariannol a'r cwpan aur. Mi wnaeth yr un peth y flwyddyn wedyn a'r flwyddyn wedi hynny ac mae'r cwpan ganddo fo i'w gadw yn y Groeslon. Fûm i erioed yn Steddfod Pontrydfendigaid yn cystadlu wedi hynny, dim ond i feirniadu. O ran y fantolen ariannol trwy'r cyfnod adrodd, dwi'n siŵr mai arna i y mae pres i Brian.

Y peth mwya gwerthfawr i mi ynglŷn â'r profiad oedd bod rhywun yn diwyllio'i hun trwy ddysgu'r darnau a mynychu'r eisteddfodau. Roedd llawer o'r beirniaid yn feirdd a llenorion eu hunain, ac mi fyddai 'na gyfle i ddod i'w 'nabod a thrafod y gwaith efo nhw. Canlyniad hynny i mi oedd agor drysau newydd a gosod sylfaen ar gyfer yr yrfa actio.

Erbyn tua 1963 roedd yr holl grwydro steddfodau

wedi mynd yn ormod o dreth ac roeddwn i'n barod i roi'r gorau iddi. Ond cyn ffarwelio mi benderfynais roi cynnig ar un peth arall. Yn Eisteddfod Llandudno yn 1963 roedd Gwobr Goffa Llwyd o'r Bryn i gael ei chyflwyno am y tro cynta. Roeddwn i wedi dod i 'nabod Bob Lloyd ar fy nheithiau ac yn meddwl tipyn ohono. Erbyn hyn roeddwn i'n cael mwy a mwy o waith actio, oedd yn rheswm arall dros roi'r gorau i'r adrodd. Yn ystod wythnos y Genedlaethol roeddwn i yn Llandudno p'run bynnag, yn cymryd rhan mewn pasiant oedd yn cael ei gynhyrchu gan Wilbert Lloyd Roberts yn Theatr y Grand. Y drefn efo'r adrodd oedd bod yn rhaid i rywun ennill cystadleuaeth arall yn gyntaf cyn cael ceisio am Fedal Llwyd o'r Bryn: yr adroddiad dros bump ar hugain yn fy achos i. Y darn ar gyfer hwnnw oedd 'Cadwynau' gan Tom Hughes. Wnaeth o ddim drwg i fy achos bod fy hen gyfaill Brian Owen wedi anghofio'r geiriau ar y llwyfan! Mi enillais innau, ac felly roedd yn rhaid mynd yn ôl i gystadlu am y Llwyd o'r Bryn. Detholiad o *O Law i Law*, T. Rowland Hughes, oedd y darn gosod. Roeddwn wedi gorfod gadael y pafiliwn yn syth ar ôl adrodd a mynd yn ôl i'r theatr cyn clywed y feirniadaeth ond mi ddaeth rhywun â'r neges mai fi oedd wedi ennill y Fedal newydd. Roeddwn yn gresynu imi fethu bod yno i'w derbyn ar y llwyfan gan Dwysan Rowlands, merch Llwyd o'r Bryn ond mi gefais lythyr bendigedig ganddi wedyn yn fy llongyfarch.

Roedd y Steddfod Genedlaethol yn Abertawe y flwyddyn ganlynol. Er fy mod erbyn hynny wedi 'ymddeol' fel adroddwr mi benderfynais roi un cynnig arall ar y Llwyd o'r Bryn. Un o'r darnau y tro hwnnw oedd 'Y Meddyg' gan Gerallt Lloyd Owen, bardd ifanc iawn yr adeg honno ac wedi ei fagu yn yr un ardal â Bob Lloyd. Mi lwyddais i ennill unwaith eto a chael llythyr y tro hwnnw gan Mrs Ann Lloyd, gweddw Llwyd o'r Bryn. Roedd yn dweud ei bod wedi methu bod yn Abertawe ond wedi mwynhau'r gystadleuaeth 'ar y di-wifr'. Un o'r beirniaid oedd y Parch. O. M. Lloyd, oedd wedi bod yn weinidog arnon ni yn Rhoslan pan o'n i'n hogyn bach. Ei eiriau fo wrtha i ar ôl y feirniadaeth oedd 'Be fasa'r hen Gennin yn 'i ddeud!'

Tu ôl i'r llwyfan pwy ddaeth ata i ond Cynan. 'Stewarrrrt,' medda fo, yn y llais utgorn hwnnw, gan rowlio'r 'r'. 'Fuasai'r syniad yn eich goglais chi petaen ni'n eich gwneud chi'n aelod o Orrrrsedd y Beirrrdd? Meddyliwch am y peth.' Doedd y syniad o fod yn aelod o'r Orsedd erioed wedi croesi fy meddwl, heb sôn am fy ngoglais, a doeddwn i ddim yn siŵr iawn beth i'w wneud. Felly mi ofynnais farn W. H. Roberts, yr adroddwr gwych hwnnw o Niwbwrch, Sir Fôn. 'Derbynia er mwyn yr adroddwyr,' oedd ei gyngor pendant. Y drefn eisteddfodol ers blynyddoedd fyddai bod y cantorion oedd yn ennill y Rhuban Glas yn cael eu derbyn i'r Orsedd y flwyddyn wedyn, ond doedd dim anrhydedd felly ar gyfer enillwyr yr adrodd. Dilyn cyngor W. H. wnes i a chael fy nerbyn i'r Orsedd yn y Drenewydd y flwyddyn ganlynol, sef 1965. Fûm i ddim ar gyfyl yr Orsedd wedi hynny chwaith. Does gen i ddim llawer i'w ddweud wrth bethau felly, ac erbyn hynny roedd Ifas y Tryc yn ei anterth, oedd yn golygu nad oedd gen i ryw lawer o amser ar gyfer adrodd, yr Orsedd na dim byd arall.

Teulu'r Siop

Ar ôl marw Cennin yn 1954 fe ddaeth rhyw normaliaeth i fywyd ein teulu bach ninnau. Roedd pedwar ohonon ni erbyn hyn, ar ôl geni'n merch gynta, Llinos. Roedd gofalu am Cennin a dau blentyn bach ar yr un pryd wedi bod yn fwy o dreth nag oedd rhywun yn sylweddoli. Tua blwyddyn cyn ei farw cefais y syniad yn fy mhen o agor siop yn y tŷ yn Rhoslan. Roedd Cennin wedi bod yn gwerthu nwyddau yno flynyddoedd ynghynt pan symudodd o Congo House, a dyna sut y cefais innau ganiatâd gan yr awdurdodau i wneud yr un fath. Fel pob amser roedd yna gryn drafferth efo'r 'Twm Planning', chwedl Ifas, y swyddogion ceiniog a dimai nad oes ganddyn nhw ddim byd gwell i'w wneud na busnesa ym mrwas pawb arall. Ond mi lwyddais i'w darbwyllo nhw yn y diwedd.

Roedd y siop yn help mawr i ni ac rwy'n gobeithio iddi lenwi bwlch yn yr ardal hefyd. Roedd efail y gof wedi hen gau ac i ryw raddau mi gymrodd y siop ei lle fel echel i'r gymdeithas. Yn union fel yng ngefail Robert Jones roedd pobol yn galw ddim ond er mwyn cael sgwrs. Doedden ni ddim yn chwarae cuddio papur, ond mi gafwyd llawer o dynnu coes ac ambell dro digon trwstan.

Symudodd teulu o Gwm Pennant i fyw i Maes Eifion, Rhoslan, sef Mrs Roberts a'i thri mab, Wmffra, Hywel a Dafydd. Roedden nhw'n hogia hwyliog iawn ac mi ddaethant â rhyw sbort i'r ardal i'w canlyn. Un noson yn y gaeaf pan oedd hi tua hanner awr wedi naw a'r siop wedi cau mi glywais sŵn dyrnu diddiwedd ar y drws ac es innau draw i'w agor ac i weld beth oedd y panic. Pwy oedd yno ond Dafydd, mab ieuengaf Maes Eifion, efo'r neges bod ei frawd mawr, Wmffra, eisiau matsus. Roedd Wmffra'n bibellwr heb ei ail, a'i bibell yn treulio llawer mwy o amser yn ei geg nag yn ei boced. 'Matsus?' meddwn innau, 'Yr adeg yma o'r nos!' 'Ia,' meddai Dafydd, 'ma'i leitar o wedi torri,' ac estynnodd bapur punt i'm cyfeiriad. Rhois y bocs matsus iddo a dweud y câi dalu wedyn gan mai dim ond dwy geiniog oedd yn y fantol. 'Na,' meddai Dafydd. 'Mae'n rhaid i Wmffra gael talu rwan.'

O dipyn i beth mi sylweddolais nad y matsus oedd Wmffra eisiau, ond y newid er mwyn cael arian gwastad i dalu am ei bŵls pêl-droed drannoeth. Roedd y rheini bron cyn bwysiced â'r bibell yn ei fywyd. Felly mi gyfrais y newid iddo mewn ceiniogau, 238 ohonyn nhw mewn bag papur o'r banc, gwerth 19 swllt a 10 ceiniog. Doedd Dafydd ddim yn rhy hapus gan y gwyddai bod Wmffra'n un gwyllt gynddeiriog, ond mi fodlonodd ar chwarae'r gêm ac adre â fo.

Ymhen hanner awr, a'r siop mewn tywyllwch, dyma fwy o golbio ar y drws. Roedd y ddau frawd yno'r tro yma hefo'r bag pres. Wmffra, â'i bibell yn mygu, yn holi beth oedd 'rhyw lol ddiawl fel hyn'. Roedd o'n mynnu cael 'newid call', a fyddai'n cynnwys papur chweugain ac arian gwynion. 'Iawn,' medda fi, 'ond mae'n rhaid i ni gyfri'r ceiniogau 'ma yn gynta i wneud yn siŵr eu bod nhw i gyd yma.' Cododd ei lais unwaith eto, 'Ydach chi'n trio deud y baswn i'n eich twyllo chi?' medda fo. 'Nag ydw,' medda fi, 'ond tydio ddim ond yn iawn inni'n dau gael gwybod bod y cyfri'n iawn.'

Felly mi aethon ni ati i gyfri'r ceiniogau a'u gosod nhw'n bentyrrau taclus o ddwsin ar gownter y siop. Yn ystod hyn rhoddais winc ar Dafydd ac mi lwyddodd yntau i dynnu sylw'i frawd am eiliad – digon o amser i mi guddio un o'r pentyrrau swllt o dan y cownter. Pan ddaethon ni at y cyfri terfynol roedden ni swllt yn fyr, a daeth rhyw dawelwch anghyfforddus dros y lle. Taniodd Wmffra'i bibell – efo leitar. 'Ro'n i'n meddwl bod hwnna wedi torri,' medda fi, 'Ond be wnawn ni am y swllt 'ma sy'n fyr?'

Roedd hyn yn ormod i Wmffra. '— chi a'ch — newid a'ch — siop hefyd,' medda fo, a thynnu'i law trwy'r deunaw swllt a deg ceiniog oedd yn dal ar y cownter nes eu bod nhw'n sgrialu i bob cyfeiriad ac allan â fo efo clep ar y drws. Pan oedden ni'n symud o Roslan i Gricieth ymhen blynyddoedd wedyn roeddwn i'n dal i ddod o hyd i rai ohonyn nhw. Ond roedd yr hwyl gawson ni efo'r hen Wmffra yn werth pob ceiniog aeth ar goll.

Tua'r un cyfnod daeth dyn arall i'r siop yn Rhoslan yn hwyr y nos er nad oedd yr ymweliad hwnnw ddim mor ddramatig ag un Wmffra. Ond os nad oedd o'n ddrama roedd o'n gysylltiedig â drama. Er mai ymweliad byr gynddeiriog oedd o nid gormodiaith ydi dweud iddo fod yn drobwynt yn fy hanes innau.

A. Manawydan O'Leary

Roedd cloch drws y siop wedi canu a finnau'n mynd drwodd o'r cefn i gyfarch cwsmer. Nid cwsmer oedd yno erbyn gweld, ond Elis Gwyn Jones o Lanystumdwy, arlunydd, athro, cynhyrchydd, llenor, athrylith, brawd i Wil Sam. Doedd o ddim yn un i ymdroi; roedd Elis bob amser ar frys. Un frawddeg ddeudodd o, a honno'n stribidires hir o eiriau heb fawr o atalnodi, 'Festri-Berea-hannar-awr-di-saith-nos-Iau-a-sbia-ar-ran-Manawydan.' Gollyngodd lyfr clawr caled yn glep ar gownter y siop nes bod y lle'n crynu. Roedd Jean y wraig wedi clywed y glec o'r gegin ac yn meddwl bod rhywbeth mawr wedi digwydd, a hwyrach ei bod hi'n iawn. Ond i ffwrdd aeth Elis Gwyn heb ragor o eglurhad.

I fod yn deg efo fo roeddwn i wedi cael rhyw fath o rybudd bod rhywbeth yn y gwynt. Roeddwn i yng nghanol y busnes adrodd erbyn hyn. Dyna pam, am wn i, y daeth Elis Gwyn ata i ar faes y Steddfod Genedlaethol yn Llangefni yn 1957 a gofyn oeddwn i erioed wedi meddwl am ddechrau actio. 'Naddo wir,' meddwn i. 'Dwi ddim yn meddwl y baswn i byth yn medru.' 'Yli,' medda fo, 'rydan ni'n meddwl hel rhyw griw bach o actorion at ei gilydd i wneud drama yng Nghricieth yn ystod y gaea.' Wnaeth o ddim ymhelaethu, ond fe ddaeth yn amlwg mai parhad o'r sgwrs honno oedd yr ymweliad sydyn â'r siop.

Roedd o wedi 'ngadael i tu ôl i'r cownter mewn tipyn o benbleth, yn trio cofio a dadansoddi beth oedd o wedi'i ddweud. Y broblem gynta oedd y lleoliad, Bereah, tir y gelyn. Annibynwyr oeddan ni a Bedyddwyr oeddan nhw. 'Batus y dŵr' fel y bydda Nhad yn eu galw. Ei gyngor o fuasai peidio mynd ar gyfyl y lle. Y benbleth fwya oedd, pwy oedd y Manawydan 'ma roedd Elis wedi sôn amdano? Mi gydiais yn y llyfr ac edrych arno'n syn. Y teitl oedd 'Eisteddfod Bodran' gan Saunders Lewis. Ro'n i wedi clywed rhyw sôn am Saunders Lewis efo busnes y Blaid a'r ysgol fomio ac ati, ond wyddwn i ddim byd yr adeg honno am ei ddramâu o. Mi edrychais faint o ran oedd yn fy wynebu ac aeth fy nghalon i'm sodlau. Roedd A. Manawydan O'Leary i'w weld ar bob tudalen bron, o'r dechrau i'r diwedd. Roedd yn amlwg mai fo oedd y prif gymeriad. Nefoedd, medda fi, fedra i byth ddysgu hwn. Ac mae arna i ofn mai ar y silff ynghanol y tuniau ffrwythau y buo 'Eisteddfod Bodran' am y dyddiau canlynol.

Tan hynny doedd drama erioed wedi chwarae rhan o unrhyw bwys yn fy mywyd o gwbl, fel gwyliwr heb sôn am actor. Mae'n wir imi weld un ddrama'n cael ei pherfformio yng Nghapel y Beirdd pan oeddwn i tua naw oed. Rhaid bod hwnnw'n ddigwyddiad prin imi fod yn dal i gofio. 'Y Drydedd Gloch' oedd ei henw a dyn o'r ardal, John Huw Jones, Brynmarch oedd yr awdur. Does gen i ddim syniad am be'r oedd hi'n sôn. Ond roedd yna gloch yn canu dair gwaith, ergyd gwn, a rhywun yn cael ei ladd.

Er bod Nhad yn ddyn diwylliedig doedd drama, mwy na nofelau, byth yn destun trafod ar yr aelwyd. Hwyrach bod yna dipyn o Biwritaniaeth Fethodistaidd yn dal yn ei waed o, er ei fod wedi troi at yr Annibynwyr. Ac eto dwi'n ei gofio fo'n sôn amdano'n mynd i weld Harry Lauder yn perfformio yng Nghaeredin unwaith, ac yn disgrifio'r ffon igam-ogam oedd gan y diddanwr ar y llwyfan. Ond Caeredin oedd fan'no, nid Rhoslan.

Roedd hi'n flynyddoedd cyn imi weld drama arall, ond byddwn wrth fy modd yn cael mynd i'r pictiwrs yn y Neuadd Goffa yng Nghricieth. Yr arwr mawr i mi pryd hynny oedd y cowboi Buck Jones, a hynny, mae'n debyg, am fod ganddon ni'r un syrnâm. Yn ddiweddarach mi fyddwn yn mynd i'r neuadd yn Chwilog i weld cwmni drama John Hughes, Llannerch-y-medd yn perfformio. Roedd y rhain i gyd yn bethau digon difyr, ond feddyliais i ddim o gwbl am actio fel rhywbeth y buaswn i fy hun yn medru cymryd rhan ynddo. Roedd yr adrodd 'ma'n ddigon gen i yn y pumdegau. A pheth arall, doedd 'na unman yn lleol lle gallai rhywun fynd i actio. Roedd 'na griw bach yng Nghricieth o'r enw Cwmni'r Castell, ac mi gwelais nhw'n perfformio'r ddrama 'Tywydd Mawr' yn y Neuadd Goffa a'r lle dan ei sang. Ond Cricieth oedd hwnnw, nid Rhoslan.

I Gricieth â mi felly, ar y noson benodedig, i ddarllen 'Eisteddfod Bodran' efo Elis Gwyn a'i griw yn festri Bereah. O dan faner Cwmni'r Castell yr oedden ni'n cyfarfod ac, er bod y cwmni wedi bod yn weddol segur ers blynyddoedd, roedd rhai o aelodau hen Gwmni'r Castell yn dal yn y cast, ambell un ohonyn nhw mewn tipyn o oed. Roedden nhw'n ffitio'n iawn yn yr 'orsedd' yn Eisteddfod Bodran. Pobol leol oedd yr actorion i gyd ac, fel sawl cwmni drama amatur ledled Cymru yn y blynyddoedd hynny, roedden nhw'n dod o sawl cefndir a galwedigaeth. Mae gen i restr o'r enwau o fy mlaen ac maen nhw'n haeddu eu cofnodi. Roedd Gwilym Stevens yn rheolwr ffarm; R. G. Evans, neu Robin Jasso yn beintiwr; cadw siop ffrwythau roedd Dafydd Glyn Williams ac roedd ei ferch Jane, oedd yn eneth ysgol ar y pryd, hefyd yn y cast. Y lleill oedd Nellie M. Williams, neu Nellie Tŷ Newydd; gwraig tŷ, O. J. Roberts oedd yn rheolwr siop; Edwin Pritchard, adeiladydd o Garndolbenmaen a H. Gwyn Roberts, clerc, dyn a fu'n gyfrifol am gadw'r ddrama i fynd yn Llanystumdwy nes iddo farw'n weddol ifanc. Roedd rhan allweddol y ferch ifanc yn cael ei chwarae gan Eleanor Hughes, neu Williams erbyn heddiw.

Roedd y cast i gyd yno yn y rihyrsal cynta, a wir, roedd o'n brofiad digon difyr. Wedi inni ddechrau rihyrsio o ddifri yn yr wythnosau nesa ro'n i'n cael mwy o afael ar y peth, mwy o hwyl a mwy o bleser. Mi ddechreuais ddarllen tipyn am pwy oedd Saunders Lewis a beth oedd o wedi'i wneud, felly roedd rhywun yn cael ei ddiwyllio dipyn yn sgil y ddrama. Diwedd y gân oedd inni berfformio 'Eisteddfod Bodran' yn y neuadd yng Nghricieth. Doedd 'na ddim teledu yr adeg honno, wrth gwrs, felly roedd drama gan gwmni lleol yn llenwi'r neuadd yn llawn dop. Roedden nhw'n eistedd ar siliau'r ffenestri a phob man.

Roeddwn i'n nerfus iawn yn cerdded ar y llwyfan o flaen y fath dorf. Yr ofn mwyaf, yn naturiol, oedd anghofio fy llinellau. Roeddwn i'n gwybod llinellau pawb arall ar fy nghof ond yn bryderus iawn ynglŷn â fy rhai i fy hun. Ond mi ddois drwyddi'n iawn a chael dipyn o lwyddiant yn ogystal â phrofiad cynnar o'r troeon trwstan hynny sy'n gwneud bywyd ar lwyfan yn dipyn o her.

Mae Saunders Lewis yn sôn yn rhywle yn y ddrama am 'lygoden gyfeb', ac roedd y 'leading lady' a finnau yn eistedd ar fainc yn trafod y cyfryw lygoden. Wn i ddim beth yn union ddigwyddodd, ond roedden ni'n glòs iawn at ein gilydd – mae'n bosib ein bod ni'n ymylu ar ryw dipyn o garwriaeth. Pan glywais bwff bach o oglau tebyg i wyau drwg gwyddwn nad fi oedd yn gyfrifol, a fedrwn i ddim ond dod i'r casgliad bod y 'leading lady' wedi dechrau styrbio. Roedd yr oglau 'ma'n dal i godi bob hyn a hyn ond pan aethon ni oddi ar y llwyfan gwelais beth oedd wedi digwydd. Roedd bocs matsus wedi dechrau mynd ar dân yn fy mhoced a phob tro roeddwn i'n symud roedd mwg yn dod allan o'r boced. Fy nghyngor i i unrhyw actor ifanc ydi peidiwch byth â mynd ar lwyfan efo bocs matsus yn eich poced.

Roedd 'na Ŵyl Ddrama yn Ninbych yn fuan wedyn ac ar ôl llwyddiant y noson gyntaf yng Nghricieth mi benderfynon fynd yno i berfformio 'Eisteddfod Bodran'. Enillwyd y wobr gyntaf ac mae'n siŵr ein bod ni wedi'i pherfformio tua ugain o weithiau i gyd. Doedd 'na ddim byw na marw wedyn, roedd yn rhaid cystadlu am gael ei pherfformio hi yn yr Eisteddfod Genedlaethol oedd i'w chynnal yng Nghaernarfon yn 1959. Y 'prawf' oedd perfformiad arall yng Nghricieth, dan feirniadaeth Edwin Williams, a chawsom ein derbyn i gystadlu yn y gystadleuaeth derfynol yng Nghaernarfon.

Roedd Elis Gwyn wedi torri tir newydd yn ei gynhyrchiad o'r ddrama. Beth wnaeth o oedd gwneud ffilm, efo help rhywun o Lanbedrog, ohona i ac Eleanor, fy nghariad yn y ddrama, yn cerdded drwy'r wlad ac yn cyrraedd eisteddfod Bodran. Yn Llangybi y gwnaed y ffilmio ond bod yr enw 'Bodran' wedi ei osod ar yr arwydd i mewn i'r pentre. Dim ond rhyw dri munud o ffilm oedd hi, ond roedd hwn i gael ei daflunio i'r llwyfan cyn i'r ddrama ei hun ddechrau.

Yng Nghaernarfon roedd 'na gwmni o Ddolgellau'n cystadlu yn ein herbyn ni efo'r un ddrama. Beth wnaeth y beirniad, Herbert Davies, ond rhoi'r ddwy 'Eisteddfod Bodran' i gystadlu yn erbyn ei gilydd am y brif wobr, Cwpan Gwynfor. Wedyn mi ataliodd y wobr i'r ddwy. Mae un aelod o'n cast ni, Dafydd Glyn, yn dal i daeru hyd heddiw nad oedd peth felly ddim yn iawn! Mae'n bosib hefyd nad oedd y beirniad ddim wedi cymryd at y syniad o ddangos y ffilm ar y dechrau. Beth bynnag am hynny, dyna oedd diwedd 'Eisteddfod Bodran' i ni.

Hwnnw hefyd oedd perfformiad olaf Cwmni'r Castell. Mi drosglwyddwyd hynny o adnoddau oedd ganddo fo i Theatr y Gegin, oedd yn cael ei sefydlu yng Nghricieth yn y cyfnod hwnnw. Roeddwn innau wedi cael digon o hyder erbyn hyn i wneud llawer o waith yn y Gegin. Dwi'n cofio Guto Roberts, Wil Dafydd a finnau'n gwneud 'Y Gofalwr', cyfieithiad Elis Gwyn o'r *Caretaker* gan Pinter. Cawsom y fraint o gael ein *gwahodd* y tro yma i wneud 'Y Gofalwr' yn y Steddfod Genedlaethol yn y Drenewydd. Roeddwn innau'n dechrau cael gwaith efo'r BBC ac yn cydweithio efo Wil Sam. Oni bai am Elis Gwyn a'i 'Steddfod Bodran' fuaswn i byth wedi breuddwydio am wneud bywoliaeth allan o actio. A fuasai John Ifas Drefain erioed wedi cael ei eni.

Y BBC

Dwi'n cofio fel tasa hi'n ddoe y tro cynta i mi gerdded i mewn i stiwdio ddarlledu. Yn Neuadd y Penrhyn ym Mangor yr oeddan ni, i wneud drama gyfres ar y radio: addasiad Myfanwy Howell o nofel W. D. Owen, *Madam Wen*. Yn cyfarwyddo roedd Evelyn Williams, oedd wedi rhoi'r 'audition' imi ar gyfer y rhan.

Mae'n rhaid imi gyfaddef bod fy nghalon i'n curo'n o galed wrth imi gyrraedd y stiwdio y tro cynta. Doeddwn i erioed wedi bod ynghanol y mawrion 'ma o'r blaen. Roedd y cast yn llawn o bobol oedd yn lleisiau cyfarwydd iawn mewn cyfresi fel 'Teulu'r Siop' ar y radio, ond doeddwn i erioed wedi'u gweld nhw yn y cnawd. Hwn oedd y cyfnod pan oedd bri mawr ar y radio a'r rhaglenni yn destun siarad gan drwch y boblogaeth. Doeddwn i erioed, er enghraifft, wedi gweld Charles Williams ddim ond o hirbell pan fydda fo'n arwain nosweithiau llawen. Roeddwn i'n gwybod ei fod yntau yn y cast.

I mewn â fi felly â'r sgript yn fy llaw, a gweld y merched yn eistedd rownd un bwrdd a'r dynion efo'i gilydd wrth fwrdd arall. Y gynta i 'nghyfarch i oedd Elen Roger Jones, yr actores o Farian-glas. 'Dewch i eistedd aton ni,' medda hi. 'Hwn ydi'r tro cynta i chi fod yma?' 'Ia,' meddwn innau, 'Fûm i erioed ar gyfyl lle fel hyn o'r blaen.' A dyma hi'n mynd ati'n syth i wneud imi deimlo'n gartrefol a fy rhoi fi ar ben y ffordd.

'Ydach chi wedi marcio'r sgript?' medda hi. 'Naddo,' medda fi. 'Wel fel hyn y bydda i'n gwneud,' medda hi. 'Rhowch linell odano fo felna. A sylwch yn fan acw mae 'na fylb bach ar bostyn. 'Fflic' maen nhw'n galw hwnna. Hwnna sy'n dweud wrthoch chi pryd i ddod i mewn. Hwyrach bod rhyw gymeriad arall wedi gorffen beth mae o i fod i'w ddweud ond eu bod nhw eisiau rhoi rhyw sŵn neu rywbeth i mewn cyn i chi ddod i mewn. Mi gewch chi 'fflic' i ddweud wrthoch chi pryd i ddechrau siarad. Felly marciwch 'ff' ar y sgript...'

Anghofia i byth ei charedigrwydd hi wrth un dibrofiad. Yr hyn oedd yn arw am y peth oedd bod popeth yn cael ei wneud yn fyw. Roedd yn rhaid cael popeth yn iawn y tro cynta. Roedd hynny'n golygu nad oedd rhywun yn cael ail gyfle i wrando arno'i hun a gweld sut roedd o wedi perfformio. Ond mi ddois drwyddi'n iawn ac roedd llawer o'r diolch am hynny i Elen Roger Jones. Mi ges waith mewn dwy neu dair o benodau eraill y gyfres honno.

Does gen i fawr o gof am y rhan roeddwn i'n ei chwarae, dim ond bod angen tipyn o weiddi. Roedd y lleill yn gorfod fy nysgu am bethau fel 'approaches', sut i gerdded tuag at y meicroffon a phryd i godi neu ostwng fy llais. Ond roeddwn i mewn lle da ynghanol yr holl actorion profiadol.

Roedd Charles Williams, fel bob amser, yn diddori'r cwmni i gyd. Byddai pawb yn heidio o'i gwmpas, fel pryfed yn sownd mewn gwe pry copyn. Yr unig un o'r actorion roeddwn i wedi torri gair efo fo cyn hyn oedd Oswald Griffith. Byddai Oswald, fel finnau, yn adrodd llawer mewn steddfodau. Dic Hughes oedd un arall y dois i i'w 'nabod dros y blynyddoedd ac roedd Sheila Hugh Jones a Nesta Harris yn lleisiau cyfarwydd iawn. Un arall yn y cast oedd Emyr Jones, tad Arthur, Dafydd a Garmon Emyr, ddaeth yn adnabyddus fel chwaraewyr rygbi ac actorion. A dyna'r tro cynta imi gyfarfod aelod o'r cast oedd yn nes at fy oed i, Gwilym Owen o Lannerch-y-medd.

Yn y cyfnod yma roedd Awr y Plant, rhaglenni ysgolion a rhaglenni crefydd y BBC yn gweithio llawer trwy'i gilydd, ac mi fyddai cyfle i rywun symud o'r naill i'r llall. David Watkins ac Elwyn Jones fyddai'n cyfarwyddo'r dramâu crefyddol, a daeth cyfle i Gwilym Owen a minnau gymryd rhan yn rhai o'r rheini.

Yn un o'r dramâu roedd un ohonon ni'n chwarae rhan Iesu Grist a'r llall oedd Pedr. Fedra i ddim cofio erbyn heddiw p'run oedd p'run, ond mae Gwilym yn mynnu mai fo oedd Iesu Grist! Fe aeth Gwilym, wrth gwrs, ymlaen i fod yn bennaeth yn adrannau newyddion HTV a'r BBC ac mae o'n dal i gorddi'r dyfroedd hyd heddiw.

Mi fyddai llawer o rai ifanc yn dod aton ni o'r coleg i gymryd rhan mewn dramâu, rhai fel R. Alun Evans, Euryn Ogwen a John Ogwen a byddai pobol fel Wilbert Lloyd Roberts ac Islwyn Ffowc Elis yn cyfarwyddo. Roedd yna fwrlwm yn Neuadd y Penrhyn yn y cyfnod hwnnw.

Daeth y cyfle hefyd i weithio am y tro cyntaf yng Nghaerdydd, a dod i adnabod rhai o actorion y De. Gofynnwyd imi fynd yno i wneud drama oedd yn cael ei chyfarwyddo gan Herbert Davies: fo oedd y beirniad oedd wedi atal y wobr pan oedd ein cwmni ni o Gricieth wedi mynd i berfformio 'Eisteddfod Bodran' yn y

Steddfod Genedlaethol, ond doedd neb yn dal dig am hynny! Dwi'n credu mai'r ddrama radio yng Nghaerdydd oedd y peth olaf iddo'i wneud cyn mynd i fyw i Awstralia. Roedd y criw ohonon ni yn cynnwys Emrys Cleaver, Ieuan Rhys Williams a Glanffrwd James, rhai y deuthum i'w hadnabod yn dda wedi hynny. Allan o'r profiad hwnnw y cefais innau, ymhen amser, gyfle i weithio ym myd newydd teledu, a gwneud bywoliaeth fel actor amser-llawn.

Pros Kairon

Wrth i'r gwaith actio ddechrau prysuro roedd hi'n mynd yn anoddach gwneud cyfiawnhad â hynny yn ogystal â'r busnes saer coed yr oeddwn i'n dal yn rhan ohono fo efo fy mhartner, Wil Williams. Roedd galwadau'n dod ar fyr rybudd weithiau yn gofyn imi fynd i Fangor i wneud rhywbeth ar y radio, ac roedd hi'n anodd mynd heb wnaeud cam â'r gwaith a'r siop oedd ganddon ni yn Rhoslan. Erbyn hynny hefyd roedd fy modryb, oedd yn byw drws nesa inni, wedi marw. Y penderfyniad wnaethon ni oedd gwerthu'r ddau dŷ yn Rhoslan, tynnu allan o'r busnes saer coed a phrynu siop a swyddfa bost ar y Marine yng Nghricieth gan symud yno yn 1965 a mynd i fyw uwchben y siop. Roedd o'n lle prysur gynddeiriog, yn enwedig yn yr haf, gyda siop bapurau newydd, siop groser a swyddfa bost yn yr un adeilad. Ar ben hynny i gyd roedd ganddon ni, erbyn hyn, bump o blant. Ac i ychwanegu at y prysurdeb daeth yr alwad gynta i actio ar y teledu.

Emyr Humphreys, oedd yn gynhyrchydd drama efo'r BBC ar y pryd, alwodd heibio'r siop un diwrnod. Efo fo roedd Brydan Griffiths o Abertawe, yntau ar staff y BBC. Gofyn yr oedden nhw a fuasai gen i ddiddordeb mewn mynd i lawr i Gaerdydd i gymryd rhan mewn fersiwn deledu o'r ddrama 'Blodeuwedd' gan Saunders Lewis. Golygai hyn fod oddi cartref am tua phythefnos o ymarfer ac wythnos o recordio; felly byddai'n rhaid i ni gyflogi rhywun i helpu Jean yn y siop. Cytuno wnes i, ac i lawr â mi i Gaerdydd.

Roedd o'n gynhyrchiad anghyffredin o 'Blodeuwedd', efo pawb yn gwisgo masgiau oedd wedi'u gwneud yn bwrpasol gan ddefnyddio castiau o wyneb pob un ohonon ni. Roedden ni'n recordio'r sain yn gyntaf, heb y masgiau, ac wedyn yn meimio i'n lleisiau ni'n hunain. Roedd y cast yn cynnwys Ray Smith, Dilwyn Owen, Brinley Jenkins a Nerys Hughes. I Emyr Humphreys yn y cyfnod hwnnw y mae'r diolch am roi'r cyfle cynta i mi ar y teledu. Mae Emyr wedi cael cydnabyddiaeth haeddiannol fyd-eang fel nofelydd ond nid pawb sy'n gwybod am ei ran mewn ysbrydoli ac annog rhai dibrofiad. Oni bai amdano fo mae'n gwestiwn a fuasai Wil Sam wedi troi'n sgwennwr amser-llawn.

Yn fy achos i mi fu ffawd yn eitha caredig unwaith eto. Fel yr oedden ni'n gwneud 'Blodeuwedd' roedd y BBC wrthi'n paratoi peilot o raglen yng Nghaerdydd, rhaglen fyddai'n cymryd rhyw slant ddychanol ar bethau. Ei henw oedd 'Stiwdio B'. Gan fy mod innau'n digwydd bod yng Nghaerdydd p'run bunnag gofynnwyd i mi gymryd rhan yn y peilot a pherfformio ambell sgets. Doedd pennaeth y BBC yng Nghymru, Hywel Davies, ddim yn rhy hapus efo'r peilot ac mi ddeudodd bod angen tipyn o ailfeddwl a newid fformat. Gwnaed hynny, a datblygodd 'Stiwdio B' i fod yn gyfresi o chwech ar hugain o raglenni byw bob blwyddyn am dair blynedd. Doedd pob rhaglen ddim yn glasur, ond roedden nhw'n gyfresi bywiog, arloesol a gwahanol ac roedd Wil Sam yn aelod o'r tîm sgriptio. Dyna'r rhaglen a newidiodd fy mywyd innau trwy roi bodolaeth i Ifas y Tryc, gŵr bonheddig y byddwn yn cael mwy o'i hanes yn y man.

Roedd y galwadau cynyddol i Gaerdydd yn creu problemau gartre yng Nghricieth gan fod y siop yn mynd yn ormod o faich. Er fy mod innau'n gwneud beth fedrwn i yn y siop rhwng teithiau wythnosol yn ôl a blaen i Gaerdydd, ac er bod ganddon ni ferch yno i helpu Jean, roedd y gwaith yn mynd yn drech na ni. Ar ôl inni fod yno am ddwy flynedd penderfynwyd bod yn rhaid inni werthu'r siop. A'i gwerthu a wnaed, i'r Rhingyll Bob James, a oedd ar fin ymddeol o'r heddlu ym Mhen-y-groes, ac yn gefnder, gyda llaw, i Carwyn James.

Mi symudon ninnau fel teulu rownd y gornel i dŷ arall am gyfnod byr, ond doeddan ni ddim yn rhy hapus efo'r trefniant. Roedd Jean wedi dechrau ei gyrfa yn gweithio mewn gwestai ac wedi bod yn ysu am gael mynd yn ôl at y gwaith hwnnw. Yn ffodus roedd tŷ mawr gydag 16 o stafelloedd gwely yn mynd ar werth yn ein hymyl, sef 23 Marine Terrace. Roedd yn lle delfrydol i'w brynu a'i droi'n westy, a dyna a wnaed. Roedd angen enw ar y lle ac mi fu tipyn o bendroni. Doedden ni ddim am roi enw Saesneg arno ac eto roedden ni'n methu meddwl am enw Cymraeg oedd yn gweddu. Felly fe'i galwyd o'n Pros Kairon, ar ôl drama gan Huw Lloyd Edwards yr oeddwn i wedi bod yn actio ynddi. Enw Groegaidd ydi o, a'r ystyr medden nhw i mi ydi 'hafan i deithwyr blin'. Pan fyddai Saeson yn dod yno i aros ac yn holi am yr ystyr mi fyddwn i'n dweud wrthyn nhw, 'It's Greek for Bed and Breakfast'.

Roedd cryn dipyn o waith addasu ar yr adeilad gan mai fflatiau oedd yno cyn i ni ei brynu, ond roedd yn

105

drefniant delfrydol i mi. Roedd yn rhoi rhyddid i mi grwydro pan fyddai galwadau i wneud hynny yn fy ngwaith actio. A phan fyddwn i'n 'restio', fel y byddan nhw'n dweud yn yr alwedigaeth hon, roeddwn yn medru mynd yn ôl at fy nghrefft fel saer coed a gwneud y gwaith addasu a chynnal a chadw fyddai'n angenrheidiol ar y gwesty. Roedd y tŷ blaenorol yn dal ar ein dwylo ac yn anodd ei werthu, felly mi drois hwnnw'n dri fflat i'w gosod, nes inni gael cwsmer iddo. Doeddwn i byth yn segur. Roedd fy ngwaith wedi mynd yn hobi a'r hobi yn waith.

Trwy gadw gwesty mae rhywun yn croesawu pob math o bobol dan ei gronglwyd, sydd weithiau'n bleser ac weithiau'n broblem. Roedden ni'n cael seiadau difyr iawn ac ar un adeg mi fu Wil Sam a minnau'n trefnu nosweithiau efo dipyn o ddiwylliant yno bob hyn a hyn. Cael pobol fel John Roberts Williams draw i roi darlith a rhyw ugain o bobol ddifyr iawn yn dod i wrando. Roeddwn i wedi agor bar yn y lle erbyn hyn ac roedd hwnnw'n dynfa go lew i ambell un!

Mi fyddai rhai pobol go enwog yn ddod draw i aros, fel Huw Wheldon pan oedd o'n bennaeth y BBC. Acw y daeth Ryan a Ronnie i letya pan oedden nhw ar eu taith gynta trwy Gymru. Mi fyddai Gwenallt yn troi i mewn am sgwrs weithiau pan fyddai'n aros mewn fflat gerllaw. Eic Davies fyddai'n galw'n aml iawn, cyrraedd heb unrhyw rybudd ac yn ddigon cyndyn o adael! Roedd Eic yn un difyr dros ben.

Yn ddirybudd hefyd y cyrhaeddodd y Prifardd Rhydwen Williams ryw brynhawn, mewn Jaguar Automatic. Roedd o ar daith trwy'r Gogledd yn darllen ei farddoniaeth. Gofynnodd a gâi lety acw tra'r oedd o yn yr ardal ac wrth gwrs mi gytunais. Wedyn mi ofynnodd fuaswn i'n ei yrru fo yn y Jag o gwmpas y canolfannau lle'r oedd o i berfformio, ac roedd yn fraint cael gwneud hynny.

Roedd y perfformiad cyntaf yn Theatr Fach, Llangefni, a bron na ddywedaf mai dyna'r noson fwyaf bythgofiadwy imi erioed ei phrofi. Darllenodd ei waith am bron awr a hanner a buaswn wedi gwrando ar y llais mawreddog hwnnw am awr a hanner arall. Gwrandewais arno mewn rhyw bedair canolfan wedyn ac roedd yr un mor ardderchog bob tro.

Pe bai rhywun yn edrych trwy'r llyfr ymwelwyr mae'n siŵr bod yno lawer iawn o enwau diddorol yng nghwrs y blynyddoedd. Dwi'n cofio un hen wraig fach dawel, glên fyddai'n galw heibio i aros bob blwyddyn. Roedden ni'n synnu clywed, ar ôl iddi fod acw ryw deirgwaith, bod ei brawd, ar y pryd, yn gadeirydd British Rail.

Doedd cadw gwesty ddim yn fêl i gyd. Mi welais rai yn rhedeg i ffwrdd heb dalu. Roedd 'na rai eraill yn dwyn pethau – doedd dim iws gadael unrhyw bethau o werth yn y stafelloedd yn yr haf. Roedd gen i debot pres prin yn rhyw steil Queen Anne ac mi gadewais o yn y lolfa. Roedd o'n siŵr o fod yn werth tua dau gant a hanner o bunnau yr adeg honno, ond mi aeth rhywun â fo. Byddai gwerthu pethau felly'n talu am wyliau pobol. Y wers oedd peidio gadael dim byd ond rybish o fewn cyrraedd yn ystod yr haf.

Doedd trafferthion felly ddim yn digwydd yn aml ac, ar y cyfan, roedd o'n fywyd difyr iawn. Ond beth ddigwyddodd dros y blynyddoedd oedd bod y rhes honno o dai, lle'r oedd llawer iawn o Gymry pan aethon ni yno gynta, i gyd yn cael eu gwerthu i Saeson, a mwy a mwy o'r tai'n cael eu troi'n westai. Gwesty ydi bron bob tŷ yn y rhes erbyn heddiw. Doedd ein busnes ninnau ddim yn cynyddu, dim ond aros yr un fath. Erbyn canol y nawdegau roedd y plant i gyd wedi gadael, a'r gwaith yn galed, ac mi benderfynon nad oedd yna ddim diben i ni ddal i ymlâdd efo'r lle. Roedden ni wedi bod yno am yn agos i ddeng mlynedd ar hugain. Gwerthwyd Pros Kairon, i Saeson: doedd yna ddim Cymry'n dangos diddordeb yn y lle ac mi symudon ninnau i dŷ llai.

Welais i mo Wil Sam

Dyn garej oedd William Samuel Jones pan oeddwn i'n ei
'nabod o gynta. Roedd o wedi agor busnes wrth dalcen ei
dŷ yn Llanystumdwy, ddim yn bell o'r gweithdy lle'r
oeddwn innau'n gweithio fel saer coed. Pan gefais i foto
beic mi ddaeth y garej a'i pherchennog yn rhan fwy
hanfodol yn fy mywyd. Os oedd angen doctor ar y moto
beic, at Wil Sam y byddai rhywun yn troi i gael ei farn
neu i wella'r clwy. Mae'n anodd credu'r peth heddiw ond
doeddwn i ddim yn gyfarwydd â doniau Wil yn unrhyw
gyfeiriad arall yn y cyfnod hwnnw, dim ond fel trwsiwr
ceir a moto beics.

Ond mi fyddai Dic Parry, y saer oedd yn cydweithio
efo fi, yn sôn o hyd un mor ddawnus oedd Wil Sam.
Byddai'n ei ddisgrifio fo'n darllen rhyw bapurau a
gwneud rhigymau digri gynddeiriog yn yr Aelwyd yng
Ngarndolbenmaen. Roedd 'na demtasiwn ar William i
fynd i'r Garn, achos mai i'r fan honno y byddai Dora'n
mynd. Byddai Wil hefyd yn galw weithiau yng ngefail
Robert Jones y gof yn Rhoslan pan fyddai angen sbring
neu rywbeth felly ar gyfer car. Ar ôl iddo fod yn yr efail, a
finnau wedi ei golli, y cefais i'r ysbrydoliaeth i gyfan-
soddi'r unig linell o gynghanedd i mi ei gwneud erioed.
'Welais i mo Wil Sam', medda fi wrth Cennin ar ôl mynd
adre. A dyma fynta'n gofyn ar amrantiad, 'Yn ei wely
mae William?'

Pan ddechreuwyd Stiwdio B roedd Wil wedi gwerthu'r garej ac wedi symud i Dyddyn Gwyn, Rhoslan i ennill bywoliaeth trwy sgwennu, y cyntaf i gynnal ei deulu trwy sgwennu yn Gymraeg. Erbyn hynny roeddwn innau'n gwybod ei fod o'n sgwennu dramâu gan y byddai rhai ohonyn nhw'n cael eu perfformio ar y radio. Mi fyddai'r stori'n mynd ar led trwy'r ardal, 'Mae Wil Sam ar y weiarles heno,' – prin bod teledu'n bod yr adeg honno. Mi fûm efo fo unwaith neu ddwy yn Ynys Manaw, criw ohonon ni'n llogi car a Wil yn ein dreifio. Ond, ar y cyfan, doeddan ni ddim yn troi yn yr un cylchoedd yn y dyddiau hynny.

Creu Ifas y Tryc ddaeth â ni i adnabod ein gilydd yn llawer gwell. Ifas mewn ffordd oedd ein tad ni'n dau. Pan mae rhywun yn dod o'r un ardal â chi mae'n anodd iawn sylweddoli cymaint o gamp sydd ynddyn nhw. Roeddwn i'n gwybod bod Wil wedi ennill ar y ddychangerdd yn y Steddfod Genedlaethol, ond doeddwn i ddim wedi sylweddoli ei ddawn aruthrol o. Dechreuais wneud hynny pan oeddwn i'n derbyn ei sgriptiau ar gyfer Ifas y Tryc, a'r rheini'n cael eu troi allan yn wythnosol. Mi gawn hanes y cyfnod hwnnw yn y bennod nesa. Wedi hynny mi ddaeth ei ddramâu o i gael eu perfformio yn Theatr y Gegin yng Nghricieth. Yn y fan honno roedd rhywun yn dod yn ymwybodol bod Wil yn ddyn ar wahân i'r gweddill ohonon ni o ran ei allu meddyliol, ei ddychymyg, ei wreiddioldeb a'i hiwmor.

Mae Wil wedi disgrifio sefydlu'r Gegin yn fanwl yn ei hunangofiant, felly does dim angen i mi fanylu, ond roedd hi'n dipyn o fenter ac yn cyfrannu llawer at fywyd Cricieth yn y cyfnod hwnnw. Mi fyddai Wil yn cyfarwyddo ambell ddrama ei hun, yn ogystal â'u sgwennu nhw efo cynulleidfa'r Gegin mewn golwg. Mi fûm innau'n actio tipyn yno, er nad oeddwn i'n rhan o sefydlu'r lle ac addasu'r adeilad. Nid cartre i'r ddrama'n unig oedd y Gegin gan y byddai ambell arddangosfa'n cael eu cynnal yno yn yr haf, wedi eu trefnu gan Elis Gwyn. Dangoswyd gwaith Laura Ashley yno unwaith, un o'r arddangosfeydd cyntaf, os nad *y* gyntaf erioed o'r printiau hynny roedd hi wedi dechrau eu gwneud ar fwrdd y gegin yn ei chartref yn Llundain.

Wedi dod i'w 'nabod o'n well yn y dyddiau hynny mi fûm i'n gwneud ambell sied foto beics i Wil, ac mi fyddaf yn dal i alw am sgwrs yn Nhyddyn Gwyn yn rheolaidd hyd heddiw. Dydi'r croeso na'r gwreiddioldeb byth yn pallu. Un peth nad ydi pobol ddim yn sylweddoli ydi mor dda y gallai fod yn yr iaith Saesneg pe bai o wedi dymuno sgwennu yn yr iaith honno. Mae'r treiddgarwch yno beth bynnag ydi'r iaith, a hwnnw'n tarddu o fêr ei esgyrn, nid o ysgol na choleg. Ond mae ei fro mor bwysig iddo fel nad ydw i ddim yn meddwl y buasa fo'n ystyried byw na gweithio yn unman arall, nac yn unrhyw iaith heblaw'r Gymraeg. Wn i ddim sawl cynnig gafodd o a'u troi nhw i lawr.

Rhyfeddod arall ynglŷn â Wil ydi ei fod o mor dda am gysylltu efo'r gwahanol genedlaethau. Pan oedd o'n ifanc mi fyddai wrth ei fodd yng nghwmni hen gymeriadau'r ardal, yn treulio oriau yn eu cwmni ac yn tynnu maeth wrth wrando arnyn nhw'n sgwrsio. Heddiw a thrwy'r blynyddoedd mae pobol ifanc wedi bod yn tyrru i Dyddyn Gwyn i fwynhau ei gwmnïaeth yntau a Dora. Un o'i bleserau mawr trwy'r blynyddoedd oedd mynd ar deithiau beic ar hyd lonydd bach Eifionydd gan adrodd straeon bob cam o'r ffordd wrth gyd-reidwyr o bob oed, o blant bach i bensiynwyr. Dydi Wil erioed wedi cyfyngu'i hun i'w genhedlaeth ei hun. Wrth i mi sgwennu hyn mae Wil yn gwella ar ôl baglu a thorri ei goes. Yn 81 oed, y cwestiwn mwya ar ei feddwl o ydi 'Pryd ca' i fynd yn ôl ar gefn y beic?'

Un o'i hoff bobol o pan oedd o'n cadw'r garej oedd tramp o'r enw John Price. Roedd defnydd drama yn John Price, roedd o'n gynnil ac yn wreiddiol yn ei ddywediadau. Nid marw y byddai pobol ond 'mynd i British Columbia'. Mae deialog Wil hefyd yn gynnil, dydi o ddim yn gor-ddweud. Felly y bydda fo yn y garej hefyd yn ôl y sôn. Os oedd olwyn yn cyrraedd yno efo pum nytan dim ond pedair ddôi yn ôl. Nid twyll oedd hynny medda Wil, ond cynildeb.

Un cwestiwn y buaswn i'n hoffi ei ofyn ydi, pam na chafodd o erioed ei wneud yn aelod o'r Orsedd? Yn ôl ei allu a'i wreiddioldeb mae o'n llawn haeddu hynny. Mae'r Eisteddfod Genedlaethol wedi cael ei chynnal yn ei ardal o ddwywaith yn y blynyddoedd diwethaf. Does gen i ddim amheuaeth na fydd ei waith yn cael ei astudio ymhen blynyddoedd i ddod mewn ysgolion a cholegau ac eto dydi o ddim digon da i gael ei wneud yn aelod o'r Orsedd yn ei oes ei hun. Tasa fo wedi teulio'i amser yn cicio pêl hirgron neu chwarae draffts mi fuasai mewn gwisg wen ers blynyddoedd.

Nid bod Wil ei hun yn cymryd rhyw bethau felly ormod o ddifri. Un corff sydd wedi'i gydnabod o ydi'r Academi Gymreig. Pan wnaethon nhw fo'n aelod anrhydeddus am oes mi ofynnodd rhywun iddo fo mewn cyfweliad ar y radio sut oedd o'n teimlo ar ôl cael y fath anrhydedd. Roedd yr ateb yn nodweddiadol o Wil: 'Dyma'r peth mwya ddigwyddodd imi ers y diwrnod gwnes i joinio'r RAC!'

Dwi'n teimlo hefyd bod y Cyfryngau dros y blynyddoedd wedi'i wrthod o. Does dim hanner digon o'i ddramâu o wedi'u gwneud. Mae ganddo gyfeillion, mae pobol fel Emyr Humphreys, Aled Vaughan ac yn arbennig Alun Ffred wedi gweld ei gamp o. Ond am lawer o'r lleill, 'wn i ddim p'run ai ddim yn deall maen nhw ynta beth. Ond rydw i'n sicr pe baen nhw wedi rhoi mwy o'i gynnyrch o ar y sgrîn, a'i wneud o'n iawn, y bydden nhw wedi denu llawer mwy o gynulleidfaoedd. Mi ddylai llawer o bobol y cyfryngau fod yn canu cân Huw Jones, 'Dwi isio bod yn Sais'. Maen nhw'n gwneud rhyw gongo mawr o bobol sydd wedi cael tipyn o lwyddiant yn Lloegr, ac yn anwybyddu rhywun fel Wil, sydd wedi aros yn ei fro ei hun yn gweithio yn Gymraeg. Maen nhw'n meddwl y gwneith unrhyw hen sothach y tro i'r gynulleidfa Gymraeg. Tydan ni'n genedl od!

Mr John Ifas, Drefain

Mi fydda Nhad yn dweud wrtha i pan o'n i'n hogyn,
'Paid byth â gwatwar neb sydd â rhyw wendid ynddo fo.
Os gwnei di mae'n beryg iti gael yr un gwendid dy hun'.
Fedra fo ddim diodde, er enghraifft, clywed pobol yn
gwneud sbort am ben rhywun efo atal dweud neu ryw
nam ar eu lleferydd. Wrth fynd yn hŷn mi fydda i'n cofio
llawer am y cyngor. Am flynyddoedd mi fûm i'n cerdded
efo cloffni bwriadol. Dyna oedd un o nodweddion Ifas y
Tryc, yr 'handi-ciap' ar ôl cael cic gan fastard mul yn y
Cilman Parc yn y Gyflafan Fawr 1914-18. Heddiw mae'r
cloffni gwneud wedi mynd yn gloffni go iawn. Cartilej fy
mhen glin ydi achos y drafferth yn ôl y meddygon. Ond
mi fasa Nhad yn honni mai'r Bod Mawr sy'n talu'n ôl
imi am gymryd Mr John Ifas Drefain yn ysgafn. A dydw
i ddim cystal ag Ifas am ddygymod efo'r handi-ciap.

Mi fûm i'n gweld arbenigwr yn Ysbyty Gwynedd yn
ddiweddar i weld a oes modd cael meddyginiaeth i'r pen-
glin. Y peth cynta ddwedodd o pan welodd o fi oedd
'Wel wel, Ifas y Tryc!' Dyna'r tro cynta imi gael fy
nghyfarch felly gan ddoctor orthopaedig. Ond does yna'r
un wythnos yn mynd heibio bron heb i rywun fy ngalw
fi'n Ifas, a hynny dros bymtheng mlynedd ar hugain ar ôl
i John Ifas ddiflannu fel cymeriad oedd yn cael ei weld
yn wythnosol ar y sgrîn deledu. Mae dywediadau fel
'sgersli bilîf', 'embaras', 'Ingland Refeniw', 'hwnna ydio'

a 'jeri bincs' yn dal i gael eu dweud ar lafar gwlad gan bobol oedd heb eu geni pan oedd Ifas yn ei breim. Mi glywais un neu ddau o'r dywediadau'n cael eu defnyddio hyd yn oed ar raglenni newyddion. Oes angen mwy o dystiolaeth na hynny i brofi athrylith Wil Sam?

Fel rhan o'r rhaglen deledu Stwidio B y daeth Ifas i fodolaeth. Y 'brîff' gafodd Wil gan y BBC oedd cymryd slant ddychanol ar fywyd, ond heb gyffwrdd crefydd na pholitics. Ac fel y dywedodd Wil ar y pryd, beth arall sydd 'na ar ôl! Doedd yna ddim llinyn mesur o fath yn y byd ynglŷn â sut fath o berson oedd Ifas i fod ond roedd angen 26 monolog mewn cyfres, a'r rheini'n cael eu darlledu'n fyw o'r stiwdio yng Nghaerdydd. Dim ond tair cyfres gafodd eu gwneud, yn 1964, 1965 a 1966, a gan eu bod nhw'n rhan o raglen fwy does dim ohonyn nhw wedi cael eu recordio a'u cadw. Y cyfan sydd yn yr archifau ydi pytiau allan o Cawl a Chân ac un neu ddwy raglen arall. Ond y syndod ydi, pan fydda i'n gwneud ambell berfformiad ar lwyfan y dyddiau yma dydi'r sgriptiau na'r cymeriad ddim wedi dyddio o gwbl. Maen nhw'n cael cystal derbyniad gan bobol ifanc heddiw ag oedden nhw'n ei gael pan ddaeth Ifas i addysgu'r genedl am y tro cynta.

Mi seiliodd Wil y cymeriad, i ryw raddau, ar hen fachgen yr oedd o a finnau'n ei 'nabod yng Nghricieth ers talwm, oedd yn arfer powlio rhyw dryc bach o gwmpas y lle. Mi fyddai'n rhoi ei hun yn brysur gynddeiriog, yn dweud ei fod o'n gorfod mynd i'r stesion i nôl hyn a'r llall a dosbarthu'r llwyth o gwmpas yr ardal. Mewn gwirionedd doedd o'n gwneud dim o'r ffasiwn beth ond roedd o'n cadw'i hun yn brysur yng ngolwg pobol. Roedd ganddo fo fusnas. Roedd ganddo fo dryc.

Roedd gan Wil ryw syniad yn ei feddwl felly pa fath o gymeriad fyddai Ifas ond, o ran ei wisgo ac ati, roedd pawb yn rhoi ei bwt i mewn. O dipyn i beth y daeth y cloffni a'r mwstash a'r het. Rhyw ddatblygu felly y gwnaeth o rhwng Jac Williams y cyfarwyddwr, a Wil a finna. Yr hyn oedden ni'n trio'i wneud, am wn i, oedd ei ddatblygu fo mewn ffordd na fedrai neb arall ei gopïo. Roedd y rhan fwya o'r dillad y bydda fo'n eu gwisgo ar deledu yn dod o wardrob y BBC, ond pethau wedi i mi eu casglu gan hwn a'r llall ydi'r dillad llwyfan. Felly y daeth y wats aur a medal Cennin yn rhan o'r iwnifform.

Yr hyn oedd yn llawer pwysicach na'i wisg o oedd yr hyn oedd o'n ei ddweud. Clown ydi rhywun os nad oes ganddo eiriau, a doedd Ifas ddim yn glown. Ei eiriau oedd yn ei gario fo. A thad y geiriau oedd Wil Sam. Mi ges i rai cannoedd o sgriptiau ganddo fo, ac mi fedraf ddweud â'm llaw ar fy nghalon na chefais i erioed un wael. Yr unig broblem oedd nad oedd dichon deall ei sgrifen o. Os na fydden nhw wedi cael eu teipio doedd gen i ddim gobaith mul eu dysgu nhw. Doedd hyd yn oed y teipio ddim bob amser yn help achos bod y treipreitar, chwedl Wil, dipyn bach yn hen ffasiwn. Doedd 'na byth 'O' yn y sgriptiau, dim ond twll. Mi fyddai sgript efo llawer o 'O's ynddi yn debyg i hidlan. Am ryw reswm technegol arall mi fydden nhw weithiau'n sgriptiau deuliw, un hanner yn ddu bits a'r llall yn rhyw fath o biws.

Doedd 'na ddim llawer o amser i'w dysgu nhw chwaith gan bod y monolog i fod yn un amserol. Fel hyn y byddai'r wythnos yn mynd: perfformio ar nos Sadwrn, teithio adref ddydd Sul a mynd i weld Wil ar y pnawn Llun i drafod yr un nesa. Weithiau mi fyddai'r sgript yn barod erbyn hynny, dro arall heb ei dechrau. I lawr i Gaerdydd wedyn bnawn dydd Iau a dechrau rihyrsio am hanner awr wedi saith y noson honno. Rihyrsio trwy'r dydd ddydd Gwener a dydd Sadwrn. Os oedd rhywbeth mawr wedi digwydd yn y byd mi fyddai'n rhaid anghofio'r sgript honno a dysgu un newydd sbon er mwyn bod yn amserol.

Hwyrach y byddai gen i ddwy sgets i gymryd rhan ynddyn nhw cyn cyrraedd y monolog. Felly mi fyddwn yn gorfod gwisgo trywsus Ifas yn gynta, trywsus yr ail sgets ar ei ben o a thrywsus y sgets gynta ar ben hwnnw. Wrth berfformio mi fyddwn yn tynnu a thynnu nes gorffen efo siwt Ifas. Yn naturiol mi fyddwn yn chwysu chwartia.

Mi fydda pawb ar bigau'r drain ac, o edrych yn ôl, roedd yna rai pethau digon carbwl yn digwydd. Roedd popeth yn hollol newydd i'r criw camera fel pawb arall, a doedd y rheini'n deall dim Cymraeg, oedd ddim yn help, er eu bod nhw'n ddeheuig iawn chwarae teg iddyn nhw. Mi fydda gynnon ni gitarydd jazz du o'r enw Vic Parker yn cymryd rhan, dyn clên a gitarydd gwych fu'n perfformio efo Louis Armstrong. Pan fu Vic farw mi gafodd gynhebrwng efo New Orleans Jazz yng Nghaerdydd.

Roedd o'n gyfnod difyr dros ben ond dwi ddim yn meddwl y buaswn i'n lecio mynd drwyddo fo eto, oherwydd y straen. Wrth gwrs mi fyddai'n llai o straen erbyn heddiw oherwydd y dechnoleg newydd. Dwi'n cofio gwneud Ifas yn fyw efo Mervyn Williams yn Seilo, Caernarfon yn weddol ddiweddar, a gweld monitors ac 'autocues' ym mhob man. Os oedd rhywun mewn trafferth dim ond edrych ar sgrîn oedd eisiau. Roedd pethau wedi hwyluso cymaint.

Ond yr un cymeriad oedd Ifas, a'r un un fydd o. Roedd o'n edrych yn ddwl a doedd o ddim yn ddwl chwaith. Weithiau roedd o'n gythral o smart. Pan oedd o'n ymdrin â Syr Mortimer Talbot a phobol bwysig felly, roedd Ifas i ryw raddau'n gwybod mwy na Syr Mortimer!

Un o'r pethau difyr ynglŷn â fo oedd ei ddefnydd o'r iaith Saesneg. Beth fyddai'n digwydd ers talwm, mewn dramâu fel rhai John Hughes Llannerch-y-medd, oedd bod rhyw sgweiar yn dod yn ôl adre, heb fedru llawer o Gymraeg, ond mi fyddai'r sgweiar yn trio a phawb yn cowtowio iddo fo. Ond roedd y Cymro wrth drio siarad Saesneg yn gwneud ei hun yn ffŵl, a phawb yn chwerthin am ei ben. Roedd y Cymro'n chwerthin gormod am ei ben ei hun, tra mai'r Sais ddylai fod yn cael ei wneud yn ffŵl.

Mi lwyddodd Wil, trwy Ifas y Tryc, i ddefnyddio'r Saesneg at ei iws ei hun. Dim 'embarrass' oedd Ifas yn ei ddweud ond embaras, ac roedd hwnnw'n mynd yn air hollol Gymraeg. Roedd rhywun yn chwerthin am ben yr iaith Saesneg am y tro cynta. Mae'r gwrthwyneb yn digwydd heddiw. Pan geith rhywun air Saesneg yng nghanol llinell Gymraeg mae'n rhaid iddyn nhw gael ei ddweud o'n berffaith Saesneg. 'Dwi isio mynd i chwilio am "cornflakes" i frecwast'. 'Mae'n rhaid imi chwilio am fy nghorn fflêcs' fuasa Ifas yn ddeud... Diawl mae corn fflêcs yn well na 'cornflakes' yn y cyswllt yma yn dydi?

Beth oedd yn digwydd wrth actio Ifas oedd bod rhywun yn rhoi gorbwyslais ar bethau er mwyn gwneud yn siŵr bod pawb yn eu clywed a'u deall nhw'n iawn. Yn ddiarwybod bron roedd hynny'n dod yn rhan o fy arddull innau. Nid y cloffni oedd yr unig un o'i nodweddion o oedd yn dechrau dod yn rhan ohona i. Dyna un rheswm, o bosib, bod pobol yn dal i 'nghysylltu fi'n fwy efo Ifas nag efo unrhyw gymeriad arall. Ymhell ar ôl iddo ddod oddi ar yr awyr yn 1966 fyddai'r *critics* – ac roedd yna fwy ohonyn nhw'r adeg honno – byth yn medru sôn am unrhyw gymeriad y byddwn i'n ei chwarae mewn unrhyw ddrama heb fy nghyplysu fi efo Ifas.

Wrth gwrs mi cadwyd o'n fyw i raddau ar gyfryngau eraill. Mi fu'n cyfrannu am flynyddoedd i 'Rhwng Gŵyl a Gwaith', y rhaglen radio ar nos Sul oedd yn cael ei chyflwyno gan I. B. Griffith a'i chynhyrchu gan John Roberts Williams. Mi gwnaed o mewn ugeiniau o nosweithiau llawen. Roedd un o'r rhai mwyaf cofiadwy yn yr Eisteddfod Genedlaethol yn Abertawe yn 1982 ac roedd y sgript honno'n ddigri gynddeiriog. 'Wedi drysu, poits mi poits, y wraig wedi prynu bara lawr i'w gadw yn y ffrij, finna'n meddwl bod y gath wedi styrbio ac wedi'i luchio fo i'r bin!' Y syndod oedd bod y gynulleidfa yn Abertawe yn glana chwerthin. Ifas yn dod â De a Gogledd at ei gilydd, er mor dafodieithol oedd o.

Mi wnaed dwy ffilm ohono hefyd. Wil Aaron oedd yn cyfarwyddo'r gynta, ffilm awr ar gyfer y Bwrdd Ffilmiau, ar gyllideb ddifrifol o fach ac roedd hi'n ffilm eitha da dan yr amgylchiadau. John Elwyn o Borthmadog, oedd yn ddyn mawr iawn, oedd yn chwarae rhan Harri Bach ac roedd Glyn Williams, Pensarn yn ardderchog fel y 'dyffar' Joe. Mi agorodd yn y Steddfod Genedlaethol yng Nghaerfyrddin a chael mwy o lwyddiant nag oeddwn i wedi'i ddisgwyl, ond roedd y prinder adnoddau i'w weld ar adegau. Doedd ganddon ni neb yn gofalu am 'continuity', sy'n weddol bwysig mewn ffilm. Felly roedd Ifas yn dechrau dweud brawddeg efo sigarét newydd ei thanio, a honno i lawr i stwmp eiliadau'n ddiweddarach.

Mi wnaed ffilm arall ohono fo, wedi'i chyfarwyddo gan Emlyn Williams, yn ogystal â drama lwyfan gan Gwmni Theatr Cymru. Mi gawson nhw i gyd eitha croeso, ond dwi'n credu mai fel person ar ei ben ei hun roedd Ifas yn gweithio orau, yn traethu ac yn dweud ei farn. Roedd o mor unigryw nes ei bod hi'n anodd ffitio cymeriadau eraill o'i gwmpas. Cartŵn oedd o yn y bôn a dim ond cartwnau eraill fuasai'n gweithio efo fo. Yr agosa at fedru gwneud hynny oedd Glyn Pensarn. Roedd o'n gymeriad cartwnaidd ynddo'i hun, ac Ifas ac yntau i ryw raddau'n bowndio oddi ar ei gilydd.

Bechod na fydda fo wedi cael parhau. Ond mi lladdwyd o oddi ar y cyfrwng am ryw reswm. Dwi'n credu y bydda fo wedi medru dod yn gwlt ymysg pobol ifanc hyd yn oed heddiw. Mae'r croeso mae o'n ei gael o hyd mewn ambell neuadd yn profi nad ydi'r deunydd ddim wedi dyddio o gwbl. Mae molawd, am y tro, yn fwy addas na marwnad, ac rydw i newydd dderbyn copi gan Wil Sam o gân a sgwennwyd gan Gareth Evans Jones.

Cân o Fawl i Ifas y Tryc

Hawddamor a henffych i ti, gariwr hoff,
Y cawrddyn o Eifion ac un goes mor gloff;
Dy fawredd a'th ddoniau sy'n hysbys i'r byd
A'th hen handiciap sydd yn boendod o hyd.

Rwyt feistr caredig ar Harri a Jo,
Sy'n hebrwng dy dryciau o amgylch y fro;
Y naill yn Tryc Wan a'r llall yn Tryc Tŵ,
A pherlau'r Cwins Heiwe yw'r rhain ar fy llw.

A Musus, 'rhen Fusus, wel poendod yw hon,
Dy wraig briodasol a mam Roba John;
Rwyt ffyddlon i Musus, yn dioddef pob bai,
Er gwaethaf adfansys yr hen 'B&I'.

Rwyt hyddysg, ŵr llengar, mewn gweithiau di-ri,
Syr Mortimer Talbot yw'r mwyaf ei fri;
Rwyt berchen ar statws, dy safle sy'n glir,
Rwyt Dori o Bleidiwr a dwedyd y gwir.

Rwyt farchog y Gomer, urddasol dy dras,
Rwyt ddraenen yn ystlys yr Ingland a'r Glas,
Yn ddoethaf athronydd a phroffwyd bid siŵr,
Yn gadarn, yn golofn, dwy lathen o dŵr.

O gariwr dychwela, mor fud yw dy lais,
Mae Cymru'n ymwthio o afael y Sais;
Mae angen dy debyg i arwain ein gwlad,
Paid aros yn dawel, tyrd eto i'r gad!

Rhydderch

Roedd dyddiau 'Stiwdio B' yng Nghaerdydd yn gyfle i ddod i adnabod sawl cymeriad difyr a gwahanol ond y mwya rhyfeddol ohonyn nhw oedd Rhydderch Jones. Ro'n i wedi ei weld o gynta pan fydda fo'n arwain nosweithiau llawen Cymry Llundain yn y Steddfod Genedlaethol. Mi fu wedyn yn athro Saesneg yn Llanrwst cyn mynd yn gynhyrchydd yn adran adloniant ysgafn y BBC, oedd wedi ei sefydlu gan y Dr Meredydd Evans. Roedden nhw'n gyfrifol trwy'r chwedegau a'r saithdegau am raglenni fel 'Stiwdio B', 'Disc a Dawn', 'Fo a Fe' a 'Glas y Dorlan'. Mi ddiflannodd yr adran pan sefydlwyd S4C.

Rhydderch, Gwenlyn Parry a Wil Sam oedd y prif sgwenwyr sgriptiau ar gyfer 'Stiwdio B', efo Jac Williams yn cyfarwyddo. Roeddan nhw'n dîm talentog ac yn sgwennu sgriptiau slic iawn. Dyna pryd y dois i i adnabod Rhydderch gynta. Dod yno ar gyfer sgriptio y bydda fo i ddechrau pan oedd o'n dal yn athro yn Llanrwst, ond ar ôl iddo fo symud i Gaerdydd a phrynu tŷ yn Heol Hir, Llanisien mi ddois i'w 'nabod o'n well. Roedd y drws yn agored led y pen i unrhyw un fyddai'n cnocio, a finnau yn eu plith. Mi fûm yn byw yno bob yn ail â pheidio am rai blynyddoedd pan fyddwn i'n gweithio yng Nghaerdydd.

Welwn ni byth neb tebyg i Rhydderch. Roedd o'n

edrych yn un digon chwim-chwam ar yr olwg gynta ond roedd 'na ryw ruddin anhygoel yn perthyn iddo. Roedd o'n meddwl mwy am bobol eraill nag amdano'i hun, ac yn poeni am amgylchiadau pobol. Mi welais i hogyn tywyll ei groen o un o wledydd Affrica yn dod i weithio i'r BBC ar 'attachment' a Rhydderch yn rhoi lle iddo aros yn rhad ac am ddim. Mi fyddai Rhydderch yn ei alw fo'n bopeth dan haul ond roeddan nhw'n deall ei gilydd ac yn ffrindiau penna. Byddai'n mynd â fo yn ei gar i weld yr ardal ac yn gwneud iddo deimlo'n gartrefol. Yno roedd o am ryw chwe mis i ddysgu sut i sefydlu gorsaf deledu yn ei wlad ei hun. Ar ôl iddo fo fynd adre mi anghofiwyd amdano ond dyma barsel i Rhydderch un diwrnod yn llawn o ryw bethau gwerthfawr o Affrica, a llun o'r hen foi. Doedd neb yn gwybod cynt ei fod o'n rhyw fath o dywysog yn ei wlad ei hun, a chafodd Rhydderch wahoddiad i fynd yno i aros. Dwi ddim yn credu iddo fynd chwaith.

Sôn am le fyddai yn y tŷ; welais i ffasiwn sbort yn fy nydd. Mi fu Carwyn James yn byw yno am gyfnod cyn iddo fynd i Rovigo yn yr Eidal yn hyfforddwr rygbi. Roeddwn i wedi bod adre yn y Gogledd am dipyn, a fydda 'na ddim cysylltiad rhwng Rhydderch a finna ar adegau felly. Y tro nesa imi alw roedd y lle'n llawn o Eidalwyr yr oedd Carwyn wedi dod â nhw draw i Gymru i chwarae rygbi. Er bod ganddyn nhw lefydd eraill i aros, Rhydderch fydda'n edrych ar eu holau nhw. Mi fydda'n llenwi'i gar, rhyw hen Rover V8 mawr, efo'r rhain ac yn mynd â nhw o gwmpas y wlad. Cyn bo hir roedden nhw hefyd yn dechrau ennill ambell gêm rygbi, diolch i hyff-orddiant Carwyn. Mi aeth hyn ymlaen am wythnosau, a wnaethon nhwythau, mwy na'r tywsysog o Affrica ddim anghofio'u croeso.

'Sbia be dwi 'di gael yr uffar,' medda Rhydderch wrtha i ryw fore. Beth oedd ganddo fo ond llythyr a thiced awyren. Roedd o i fod i gymryd tacsi o Gaerdydd i Heathrow, neidio ar awyren i Milan, lle byddai 'na dacsi arall yn disgwyl amdano fo, a thîm rygbi Rovigo yn barod i'w entertenio fo am wythnos. Y tro yma mi dderbyniodd y cynnig. Dyna'r math o bethau fyddai'n digwydd i Rhydderch.

Mi fyddai wrth ei fodd yn bwrw drwyddi, yn enwedig pan gâi o gynulleidfa, ac yn torri allan i ganu, yn Gymraeg neu Saesneg, doedd dim gwahaniaeth. Pan fyddwn i'n aros yn y tŷ mi fyddai allan tan berfeddion weithiau. Dwi'n cofio codi rhyw fore a'i weld o'n rhochian cysgu mewn cadair efo'i draed i fyny yng nghanol silffoedd llyfrau, a'r llyfrau wedi disgyn yn bentwr ar lawr. Dro arall fydda fo ddim isio gadael y tŷ. Mi fydda isio imi ddarllen barddoniaeth T. H. Parry-Williams iddo fo; roedd o wedi mwydro'i ben braidd efo Syr Thomas, a'r hen Syr Thomas yn meddwl y byd ohono yntau. Roedden nhw wedi dod i 'nabod ei gilydd pan oedd Rhydderch yn cyfarwyddo rhyw raglen o'r enw 'Lloffa', fyddai'n delio efo beirdd a hen greiriau ac ati. Hwnnw, dwi'n meddwl, oedd yr un cyfnod pan oedd o'n gwirioneddol fwynhau ei hun yn ei waith. Mi gafodd walet yn bresant gan Syr Thomas: roedd pobol yn edmygu Rhydderch unwaith roedden nhw'n gweld ei lwyr werth o.

Mi fyddai pob math o droeon trwstan yn digwydd iddo fo, wrth gwrs. Roedd o'n un garw am fwyd Indiaidd

124

yn hwyr yn y nos, ac wedi mynd yn dipyn o fêts efo rhai o'r bobol oedd yn cadw'r tai bwyta, yn eu 'nabod nhw wrth eu henwau cynta a nhwytha'n ei alw fo'n Rhydd. Mi oedd o wedi mynd i un o'r llefydd 'ma ryw noson ar ei ben ei hun ac mi ddaeth 'na ryw griwiach i mewn oedd yn afreolus felltigedig. Yn y diwedd roedd perchennog y lle wedi galw'r polîs i mewn yn ddiarwybod i neb, cyrhaeddodd y ditectifs ac aeth yn sgyffl go ddrwg. Wyddai Rhydderch ddim pwy oedd pwy a dyma fo'n cymryd yn ei ben y basa fo'n helpu. Roedd o wedi bod yn y Fyddin ac yn medru bod yn ddyn go galed pan fydda raid. Gafaelodd yn un o'r dynion 'ma a throi'i fraich o tu ôl i'w gefn a'i luchio fo i mewn i'r Black Maria ond beth oedd o ond plisman yn ei ddillad ei hun. 'I'm fighting on your side,' medda Rhydderch ar ôl dallt. Mi fu rhaid iddo fynd i'r stesion i esbonio'i hun, ond ddaeth 'na ddim byd o'r peth.

Adeg 'Stiwdio B' mi fydda'r sgwenwyr sgetsus yn cyfarfod weithiau yn y Gogledd i drafod gwaith, pwy oedd yn mynd i sgwennu beth ac ati. Mae'n deg dweud hefyd y byddai 'na dipyn o gymdeithasu. Mi es i efo Wil Sam i Gaernarfon ar un o'r troeon hynny ac roedd Rhydderch yn aros yn yr ardal efo Gwenlyn Parry. Roedd y ddau'n gyfeillion mawr ar ôl treulio llawer o amser efo'i gilydd pan oedden nhw'n athrawon yn Llundain. Dwi'n credu mai tua'r Prince of Wales roeddan ni wedi bod, ac roedd Rhydderch yn dechrau rhamantu braidd ac yn meddwl y dylai pawb fynd am dro. I lawr â ni i dafarn yr Anglesey wrth y cei. Roedd Rhydderch yn ei uchelfannau ac yn gwisgo rhyw siwt o wawl glas golau hynod smart – mi fydda'n gwisgo'n dda iawn weithiau, yn enwedig rwan ei fod o'n ymhel â'r BBC. Roedd o'n rhamantu mwy byth erbyn hyn a dyma fo'n cerdded allan o'r dafarn a Gwenlyn, Wil Sam a finnau'n ei ddilyn. Edrychodd i gyfeiriad Môn ac roedd 'na fymryn o leuad yn taflu llewyrch ar y dŵr. Wn i ddim beth wnaeth iddo fo'n gadael ni, ond roedd 'na ryw hen 'slipway' yn mynd i lawr i'r dŵr, reit o flaen yr Anglesey, ac mi fynnodd ddechrau cerdded i lawr honno. Roeddan ni'n ei rybuddio fo y gallai hi fod yn llithrig ond doedd dim iws, yn ei flaen yr aeth o. Y funud nesa roedd o o'r golwg. Wedi llithro ar y gwymon nes ei fod o yn y dŵr a phan gododd o roedd y siwt yn un ddeuliw, rhyw fath o las reit neis o hyd yn y ffrynt ond cefn y gôt a thin y trywsus yn slafan werdd i gyd!

Wrth gofio digwyddiadau fel hyn mae'n hawdd anghofio am ei dalent anhygoel ac mi fyddai hynny'n gam mawr â fo. Dwi'n cofio bod yn eistedd efo fo yn ei lolfa yn Llanisien. Rhyw bnawn o wneud dim oedd o i mi, beth bynnag am Rhydderch. Mae'n bosib bod 'na dropyn bach o wisgi wrth law, doedd hynny ddim yn beth diarth yn yr oes honno. Roedd Rhydderch wedi prynu copi-bwc newydd. 'Dwi am sgwennu drama!' medda fo, beiro yn ei law a sigarét yn ei geg. Agorodd y copi-bwc a sgrifennodd y teitl 'Mr Lolipop M.A.' Cymerodd rwler i roi llinell o dan y teitl, cyn ychwanegu 'gan Rhydderch T. Jones' a dechreuodd sgwennu'n ddi-stop, fel tasa fo'n sgwennu ar ei gof. Doedd 'na ddim newid gair, dim rhwygo tudalennau a'u lluchio nhw ac ailddechrau wedyn; dim ond dal i sgwennu a sgwennu nes deuai'r pwl i ben.

Yn Saesneg y sgwennodd o Mr Lolipop. Ymhen

wythnosau, a finnau bellach adra yng Nghricieth, galwodd Rhydderch heibio'r tŷ a dweud 'Dwi wedi dod yma i orffen Mr Lolipop'. Ac felly y bu. Gorffennodd ei ddrama ymhen rhyw ddeuddydd a rhoddodd hi i mi i'w darllen. Roedd 'Mr Lolipop' yn ddrama wefreiddiol a fedrwn i ddim peidio â rhyfeddu at ei allu. Gadawodd hi efo fi ac aeth adre i Gaerdydd.

Roeddwn i'n teimlo y dylai Wil Sam gael darllen y ddrama a dangosais hi iddo. Cafodd yntau ganiatâd Rhydderch i'w chyfieithu i Gymraeg. Felly Wil ydi awdur y ddeialog Gymraeg. Perfformiwyd y ddrama yn Gymraeg a Saesneg ar y teledu efo Charles Williams yn chwarae'r brif ran yn y ddwy a'r actores enwog Flora Robson yn cyd-chwarae ag o yn yr un Saesneg. Cafodd y gwaith ganmoliaeth deilwng iawn gan bawb.

Roedd Rhydderch wedi'i eni a'i fagu yn Aberllefenni ger Corris, pentre oedd wedi codi yn sgîl y chwarel lechi. Yn y chwedegau pan oedd 'Stiwdio B' yn ei anterth mi fyddai tad Rhydderch, Tom Jones neu Twm Felin, yn trefnu cyngerdd yn neuadd Aberllefenni bob hyn a hyn i godi arian at rai o weithgareddau'r pentre. Roedd o'n manteisio ar y cyfle i gael rhai o'r perfformwyr oedd yn gweithio efo Rhydderch yno i gymryd rhan, a ninnau'n gwneud hynny'n llawen er mwyn Rhydderch. Un noson roedd y neuadd dan ei sang: Ryan Davies efo ni, Mari Griffiths yn canu efo gitâr, Ieuan Rhys Williams, y tafarnwr yn 'Fo a Fe', Margaret Williams a finnau. Mi drodd allan yn noson fythgofiadwy, ond mae gen i fy rheswm fy hun dros ei chofio.

Ar ôl rhoi tro ar Ifas y Tryc er mwyn eu cael nhw i chwerthin mi feddyliais y baswn i'n adrodd darn o waith

127

Tom Huws iddyn nhw, sef detholiad o 'Cadwynau', pryddest fuddugol Eisteddfod Caernarfon. Roeddwn i wedi rhoi'r gorau i adrodd ers blynyddoedd ond roedd hwnnw'n ddarn addas i'r ardal am ei fod yn sôn am Ddyffryn Nantlle, bro chwareli arall, ac am y cyni a'r caledi ym mywyd y chwarelwyr. Roedd o'n gorffen ar nodyn trist ond gobeithiol hefo'r geiriau:

Gobeithio bydd blas ar y canu –
'O Fryniau Caersalem ceir gweled
Holl daith yr anialwch i gyd.'

A dyma'r gynulleidfa yn Aberllefenni yn torri allan i ganu'r emyn cyfan, o'r dechrau i'r diwedd. Roedd yn brofiad gwefreiddiol a rhyw awyrgylch rhyfedd i'w deimlo yno. Dois i ddeall wedyn bod yr emyn, sy'n boblogaidd mewn angladdau ym mhobman, yn golygu mwy byth yn ardaloedd y chwareli.

Fore trannoeth roedd yn rhaid imi adael Llys Awel yn gynnar i deithio i angladd fy nhad yng nghyfraith, Edward Owen Roberts o Gwm-y-glo. Erbyn imi gyrraedd Eglwys Llanrug roedd y gwasanaeth wedi dechrau a'r eglwys yn orlawn, y rhan fwya ohonyn nhw'n chwarelwyr. Wrth imi nesáu at y drws mi glywais eiriau'r un emyn am yr eildro mewn ychydig oriau: 'O Fryniau Caersalem ceir gweled holl daith yr anialwch i gyd.'

Yn 1987 roeddwn i yn ôl yn Aberllefenni, yn un o'r cannoedd lawer yng angladd Rhydderch. Welais i ddim creadur run fath â fo: yn ei symlrwydd roedd ei nerth o. Cymeriad rhadlon, caredig. Canwr da, bardd da, heb sôn am ei dalent fel sgwennwr. Dwi ddim yn credu iddo fo erioed gyrraedd ei botensial. Mi aeth yn rhy fuan o lawer.

128

Fy nyddiau cynnar yn Rhoslan efo Nhad a Pero, ci oedd wedi dod efo Nhad a Mam o'r Alban.

Cennin, Robert Henry Jones, Nhad.

Cennin a'i wraig Daisy – Mam – a Pero'r ci y tu allan i Congo House cyn i mi ddod yn rhan o'r teulu.

Fy mam naturiol, Adelaide Bremner, athrawes yn Crieff. Cefais y llun gan y bachgen y mae ei llaw ar ei ysgwydd.

Miss Mary Cargill, a fu'n gofalu amdanaf am chwe mis cyntaf fy mywyd.

Fy nghefnder Billy Bremner a'i wraig Belle.

Conrad Bremner, y cyfyrder o Aberdeen y daeth fy merch Llinos o hyd iddo ar ddamwain.

Dyddiau saer coed. Criw oedd yn codi tŷ yn Llwynhudol, Pwllheli yn 1951. Fi ydi'r ail o'r dde yn y cefn, rhwng Dic Parry a Wil Williams.

Priodas Jean a minnau yn 1950. Fy ffrind Thomas Jones oedd y gwas a Gwyneth Roberts, chwaer Jean oedd y forwyn.

Cast Cwmni'r Castell, Cricieth a fu'n perfformio Eisteddfod Bodran, y tro cyntaf imi actio ar lwyfan. Cefn, o'r chwith: Dafydd Glyn Williams, O. J. Roberts, Gwilym Stephens, Elis Gwyn Jones (cynhyrchydd), fi, Edwin Pritchard a H. Gwyn Roberts. Rhes flaen: R. G. Evans, Eleanor Williams, Jên Glyn Williams a Nellie M.Williams.

Robert Jones y gof y tu allan i'w efail yn Rhoslan.

Fy nghyfaill Rhydderch Jones a fu farw yn 1988.

Cennin yn ei hen ddyddiau gyda'i chwaer Laura, Jean, Desmond y gath a Twnji John y ci.

Wil Sam a finnau yng Ngwyl Gyhoeddi Eisteddfod Llanrwst yn 1988.

Adeg ffilmio 'Stewart Whyte McEwan (Jones)'.

Brynfab, neu R. J. Williams, Carmel, brenin yr adroddwyr.

Fel William Davies yn 'Oed yr Addewid'.

Robert John Williams, Bryn Meirion, Llithfaen, fu'n fy hyfforddi i adrodd.

Cyd-gystadleuydd a ffrind, Brian Owen, y Groeslon.

Eisteddfod Butlin's, Pwllheli. Fi sydd ar y chwith, efo fy nghyd-adroddwraig Nellie Williams, Boduan a'r ddeuawd o Lanaelhaearn, Elwyn ac Arthur Jones.

Ein diweddar fab Bob, pan oedd yn chef ar yr SS Himalaya.

Andrew, mab Bob, sy'n byw yn Awstralia.

Morgan a'i daid a'i nain.

Ein merch Meri, Emma a Bryn.

*Ein merch Llinos a
Robert Rhys.*

*Ein teulu yn Cape Town.
Edward y mab, ei wraig
Alison a'u hefeilliaid,
Amber a Nathan.*

Ein mab Iwan a Julie...

...a'u meibion, Kieran a Jamie.

Criw 'Stiwdio B', ac Ifas wrth y llyw. Y teithwyr, o'r cefn: Gaynor Morgan Rees, Mari Griffith, Ronnie Williams, Lenna Pritchard Jones, Dilys Price, Ieuan Rhys Williams, a Norman Whitehead (pianydd).

'Praw Lucullus' (Brecht) 1971.
Hon oedd drama liw gyntaf
BBC Cymru.

Efo Beryl Williams yng nghynhyrchiad
Cwmni Theatr Cymru o 'Dinas' gan
Wil Sam, 1981.

Cynhyrchiad llwyfan o 'Under Milk Wood', 1974. Rhes ôl: Grey Evans,
Valmai Jones, Dyfed Thomas. Rhes flaen: Sharon Morgan, fi,
a Menna Gwyn.

Fy hoff ran yn nramau Saunders Lewis oedd Mordecai yn 'Esther'. Y cast, yng nghynhyrchiad Cwmni Theatr Cymru: Glyn Williams (Pensarn), John Ogwen, fi, Maureen Rhys a Cefin Roberts.

Efo Sue Jones-Davies a Michael Povey yn 'Mae'r gelyn oddi mewn', HTV.

Williams y Siop yn 'Storiau'r Henllys Fawr'.

Cynhyrchiad Ffilmiau Llifon o 'Pwy rydd i lawr' gan Eigra Lewis Roberts.

Fel Robat yn 'Nel', un o ddramau gorau Michael Povey.

Hoe yn ystod ffilmio 'Henllys Fawr', yng nghwmni'r cyfarwyddwr Emlyn Williams a Clive Roberts.

Un o ffrindiau bore oes, Guto Roberts, Muriau Mawr, Rhoslan, cyn iddo Fo golli'i wallt.

Robert Ap Gwilym Ddu

Yn llofft fy Nhad ym Mrythonfa, Rhoslan roedd yna lun mawr yn hongian uwchben y mymryn grât oedd yno. Pryd bynnag y byddai rhywun yn agor y drws, y llun yma fyddai'n ei wynebu. Llun dyn oedd o, proffeil o'i wyneb yn edrych o'r dde i'r chwith, ac ysgrifbin yn ei law. Yn blentyn roedd gen i fwy o ddiddordeb yn yr ysgrifbin nag yn y dyn ac mi fu Nhad yn dangos imi sut i wneud un debyg, trwy dorri blaen pluen neu gwilsen gŵydd er mwyn gwneud nib. Wyddwn i ddim byd pwy oedd gwrthrych yn llun, ond oherwydd yr ysgrifbin roeddwn wedi dod i'r casgliad ei fod o'n rhyw fath o sgwennwr.

Wedi hynny mi ddywedodd fy Nhad dipyn o hanes y llun wrtha i. Llun oedd o o Robert ap Gwilym Ddu, un o feirdd ac emynwyr mawr Cymru, oedd yn arfer byw yn ein hardal ni. Ond sut oedd y llun wedi dod i feddiant fy nhad? Roedd yna deulu – gŵr a gwraig a phlentyn – wedi dod i fyw i'r tŷ drws nesaf i ni yn Rhoslan. Roedd gan y wraig gysylltiad teuluol efo Cefn Cae'r Ferch, ffarm yn Eifionydd oedd yn agos at Mynachdy Bach, y ffarm lle'r oedd Robert ap Gwilym Ddu wedi symud i fyw tua diwedd ei oes, o'r Betws Fawr. Ganddyn nhw roedd Nhad wedi cael y llun. Does gen i ddim tystiolaeth, ond mae'n ddigon posib bod eu teulu nhw wedi'i gael o gan y bardd ei hun.

Pan anwyd Cennin yn 1865 dim ond pymtheng mlynedd oedd yna er pan fu farw Robert ap Gwilym Ddu ac mi fuasai taid Cennin, ac o bosib ei dad, yn ei gofio fo'n iawn yn byw ym Mynachdy Bach. Buasai'r teulu wedi bod yn hen gyfarwydd â'r chwedloniaeth yn yr ardal amdano fo, ac yn edmygu'i emynau.

Wrth imi fynd yn hŷn mi ddois innau i sylweddoli gwerth ei waith o. Yr enghraifft orau oedd 'Mae'r gwaed a redodd ar y Groes', sy'n mynd yn agos at wneud yr amhosibl trwy ddiffinio tragwyddoldeb: 'Mewn oesoedd rif y tywod mân, ni bydd y gân ond dechrau...'

Oherwydd yr holl gysylltiadau yn yr ardal, heb sôn am ei werthfawrogiad o farddoniaeth, doedd hi'n fawr o syndod bod Cennin yn meddwl y byd o'r llun o Robert ap Gwilym Ddu ac yn rhoi lle anrhydeddus iddo uwchben y lle tân yn ei lofft. Yng ngolwg y llun, a dweud y gwir, y buo fo farw.

★ ★ ★

Pan oedd Cennin yn saer coed yn yr Alban yn gynnar yn yr ugeinfed ganrif fe ddaeth cynrychiolwyr y gwledydd Celtaidd at ei gilydd mewn cyfarfod yng Nghaeredin. Mae'n bosib mai dan faner y Gyngres Geltaidd yr oedden nhw'n cyfarfod, ond 'Celtic Meeting' fyddai Cennin yn galw'r achlysur. Aeth yntau draw yno gan obeithio, mae'n fwy na thebyg, cael cyfle i ddod i adnabod Cymry eraill.

Yn un o'r cyfarfodydd roedden nhw'n galw enwau'r gwledydd Celtaidd i gyd o'r llwyfan, a phobol yn codi ar eu traed i ddangos o ble'r oedden nhw'n dod. Ar ôl i Cennin godi i gyhoeddi'r ffaith ei fod o'n dod o Gymru, daeth rhyw wraig ato a chyflwyno'i hun fel Mrs Gerard oedd yn byw yng Nghaeredin. Roedd hi wedi priodi ffyriwr yno, dyn o dras Almaenaidd oedd wedi cael ei gadw'n garcharor yn ystod y Rhyfel Mawr am y rheswm hwnnw. Gofynnodd i Cennin o ble yng Nghymru'r oedd o'n dod, ac atebodd yntau mai o Eifionydd yn Sir Gaernarfon. 'Ydach chi wedi clywed am Robert ap Gwilym Ddu?' meddai hi. 'Wel do, debyg iawn,' meddai Cennin. 'Beth wyddoch chi amdano fo?' gofynnodd y wraig. 'Dwi'n gwybod am ei emynau o ac am ei hanes o'n cario'r tân o'r Betws Fawr i Mynachdy Bach,' meddai Cennin. Y stori yn lleol ydi bod y teulu wedi dod â'r tân ar gyfer yr aelwyd efo nhw o Sir Feirionnydd pan symudon nhw i'r Betws Fawr ac na wnaeth o erioed ddiffodd yn y fan honno, cyn iddyn nhw fynd â fo wedyn i Mynachdy Bach. 'Ond wyddoch chi'r *cwbl* am Robert ap Gwilym Ddu?' meddai Mrs Gerard. 'Wel mae 'na un stori ar lafar gwlad,' meddai Cennin, 'ei fod o wedi cael perthynas efo'r forwyn a bod yna blentyn yn rhywle.' 'Mae'r stori'n wir,' meddai hithau. 'Rydw i o linach y plentyn hwnnw.'

★ ★ ★

Mi gamwn ni ymlaen i 1955, y flwyddyn pan ddaeth yr Eisteddfod Genedlaethol i Bwllheli. Roeddwn i'n gweithio fel saer yn y gweithdy yn Llanystumdwy. Mi fyddai rhyw lyfrau o gwmpas y lle ym mhob man, ac i basio'r amser wrth fwyta fy nghinio dyma fi'n cael hyd i restr testunau Eisteddod Genedlaethol Caergybi, 1927. Wrth edrych drwyddo fo dyma fi'n gweld cystadleuaeth ddiddorol, sef trosi'r emyn 'Mae'r gwaed a redodd ar y

Groes', gan Robert ap Gwilym Ddu, i'r Saesneg a phwy oedd yn rhoi'r wobr o dair gini ond 'Mrs Gerard, Edinburgh'.

Flynyddoedd wedyn mi es i archifdy Coleg y Brifysgol ym Mangor a daeth yr archifydd, Tomos Roberts, o hyd i'r trosiad buddugol i mi. Yr enillydd oedd y Parchedig T. Eurfyl Jones, Llanisien, Caerdydd. Tybed oedd yr enillydd yn gwybod pwy'n union oedd y Mrs Gerard oedd wedi rhoi'r tair gini?

★ ★ ★

Ar ôl i mi ddechrau gwneud tipyn o waith i'r BBC cefais wahoddiad gan aelodau o staff y Brifysgol ym Mangor i ddarllen dau ddarn o waith Morgan Llwyd o Wynedd, sef *Llyfr y Tri Aderyn* a *Llythur at y Cymru Cariadus*, er mwyn eu rhoi ar record. Y bwriad oedd gwneud record hir o ddarlleniadau efo R. Alun Evans, Brian Owen a minnau yn cymryd rhan. Cwmni EMI oedd i fod yn gyfrifol am ochr dechnegol y recordio, oedd i ddigwydd yn stiwdio'r BBC ym Mangor. Byddai'r gwaith yn cymryd rhyw dridiau i'w gwblhau, efo darlithwyr blaenllaw o'r Brifysgol yn cynhyrchu a chyfarwyddo.

Yn ystod y tridiau hwnnw aed i sgwrsio am wahanol bethau a, chan fy mod i'n dod o Eifionydd, mi soniwyd am Robert ap Gwilym Ddu. Roedd cyfarfod wedi'i gynnal yng Nghapel y Beirdd i ddadorchuddio llechen i goffáu rhai o feirdd Eifionydd ac roedd rhyw ddarlun olew o Robert ap Gwilym Ddu a Dewi Wyn o Eifion wedi dod i'r fei. Yn y cyswllt hwnnw dyma finnau'n dweud bod gen i lun o Robert ap Gwilym Ddu.

'Print ydi o,' medda fi, 'rhyw fath o 'etching' yn

wreiddiol efo wash lliw wedi'i roi arno fo.' Doedd neb o'r criw wedi clywed am lun felly o'r bardd ac roedden nhw bron yn amau oedd y fath beth yn bod. 'Mi ddo i â fo i mewn i chi gael ei weld o,' medda fi. Ac mi es â'r llun roedd yr hen Gennin wedi meddwl cymaint ohono fo i mewn efo fi i Fangor y diwrnod wedyn.

Roedd pawb wedi dotio ato. Roedd o mor fawr yn un peth – o leiaf ddwy droedfedd wrth ddwy droedfedd a hanner – efo fram tua phedair modfedd o led a rhyw fath o 'mahogany veneer' o'i chwmpas.

Diwedd y gân fu iddyn nhw ofyn i mi fuasen nhw'n cael mynd â'r llun efo nhw i'r Brifysgol i'w ddangos i'w cyd-weithwyr yn y fan honno. Cewch wrth gwrs, medda finna, ar yr amod fy mod i'n ei gael yn ôl. Doeddwn i ddim yn ei roi o i'r Brifysgol na dim byd o'r fath.

Feddyliais i ddim mwy am y peth ond aeth y blynyddoedd heibio a welais i byth mo'r llun. Mae'n rhaid ei fod yn dal mewn bodolaeth yn rhywle, fedra i ddim credu y buasai neb yn ei ddinistrio. Mae'r darlithwyr yr oeddwn i'n delio efo nhw wedi'n gadael erbyn hyn ond ysgwn i ble mae'r llun o Robert ap Gwilym Ddu, oedd yn golygu cymaint i Nhad a minnau? Os digwydd i rywun ddod o hyd iddo rywdro, yn un o goridoriau dysg neu unrhyw le arall, mi fedrwn brofi'n rhwydd mai'r llun hwnnw oedd gen i ydi o. Mae yna farcyn wedi ei roi arno mewn lle na ŵyr neb ond y fi ym mhle y mae.

Saunders Lewis

Ar wahân i'r ffaith bod y ddau'n sgwennu dramâu does 'na ddim tebygrwydd amlwg rhwng Saunders Lewis a Wil Sam. Dyn dwys a dyn doniol. Dyn gwin a dyn Guinness. Un yn ddyn hwyliog, wedi byw ar hyd ei oes ynghanol ei bobol ac wrth ei fodd yn gwrando arnyn nhw'n sgwrsio, a'r llall yn tynnu'i faeth o'i wybodaeth ysgolheigaidd, un na fu erioed, hyd y gwn i, yn gartrefol iawn ymhlith y werin Gymraeg. Ond dyma'r ddau ddramodydd y bûm i'n perfformio mwyaf ar eu gwaith nhw trwy'r blynyddoedd. Mae gen i barch aruthrol i'r ddau ac i mi mae 'na rai pethau tebyg iawn yn eu hathrylith nhw.

Un peth oedd yn arbennig efo sgriptiau Ifas y Tryc oedd na fedrai rhywun ddim newid yr un gair ynddyn nhw. Roedd y geiriau i gyd yn eu lle. Mi glywais i Wil yn dweud ryw dro bod cynulleidfa'n siŵr o chwerthin wrth glywed sôn am drwyn, neu nionyn, neu fochyn. Mae o'n dewis ei eiriau mor ofalus, yn eu dethol nhw fel tasan nhw'n llinell o englyn, pob un yn ei le a'r glec yn disgyn ar nodyn cry bob amser. Os oedd rhaid eu byrhau nhw roedd hi'n amhosib torri gair na brawddeg, roedd yn haws torri paragraff. Ond wrth wneud hynny roedd rhywun yn andwyo'r cyfanwaith.

Mae'r un peth yn wir wrth ymdrin â gwaith Saunders Lewis. Roedd yntau wedi dewis ei eiriau'n fanwl, fanwl, ac wedi meddwl yn galed wrth ben pob gair. Fedrech chi ddim newid ei waith o er gwell a byddai unrhyw ymyrraeth yn ei wneud o'n salach. Efo gwaith llawer un arall mi fedrech dorri brawddeg neu ddwy allan heb amharu dim ar y rhediad.

Mae'n rhaid i bob actor sy'n gwneud gwaith Saunders feddwl yn galed iawn ynglŷn â sut i ddweud ei linellau, a byth bron fod yn fodlon ei fod o wedi dod o hyd i'r ffordd iawn. Mae stwff Wil yr un fath. Os nad ydi'r geiriau'n cael eu *dweud* yn iawn mae 'na rywbeth yn mynd ar goll.

Y gwahaniaeth mawr yn y dramâu, fel yn yr awduron, ydi bod y naill mor ddwys a'r llall mor ddigri. Mae'n well gen i wneud pethau doniol. Does dim byd yn rhoi mwy o foddhad i mi na gwneud i bobol chwerthin. Mae'r digri ar deledu yn beth anodd iawn i'w wneud ac, yn fy nhyb i, mae'n llawer haws o flaen cynulleidfa fyw. Dyna pam bod y sitcoms 'ma mor anodd eu gwneud yn llwyddiannus. Mae stwff Wil Sam yn medru bod yn ddigri ar deledu ond, yn amlach na pheidio, dydyn nhw ddim yn cael eu gwneud yn iawn. Maen nhw'n mynd yn ddramâu dwys yn lle dramâu digri. Mae isio dipyn bach o orwneud hefyd efo comedi, os nad ydi'r gynulleidfa'n cael y *punch line* mae'r peth yn wastraff llwyr.

Dydi dramâu Saunders Lewis byth yn ddigri – ddim hyd yn oed 'Steddfod Bodran'. Mae'n ddrama ysgafn, ydi, ond nid un ddigri. Mi fûm i'n actio tipyn ar un adeg efo Theatr yr Ymylon. Y cynhyrchiad cynta inni'i wneud oedd 'Siwan'. Roedd wedi cael ei dewis ar gyfer ei chyflwyno yn Theatr y Sherman yn ystod gweithgareddau cyhoeddi'r Eisteddfod Genedlaethol yng Nghaerdydd yn 1978. Iola Gregory oedd yn chwarae rhan Siwan, Ian

Saynor oedd Gwilym Brewys, a Marged Esli oedd y forwyn, a finnau'n Llywelyn Fawr, efo Huw Thomas yn cyfarwyddo.

Norman Florence oedd rheolwr Theatr yr Ymylon ar y pryd a'i ddymuniad o oedd ein bod ni'n perfformio'r ddrama yn Saesneg yn ogystal ag yn Gymraeg, ac felly y bu. Roedden ni'n agor yn Gymraeg ar y noson gyntaf ac yn Saesneg yr ail noson, oedd yn dipyn o dreth arnom ni i gyd.

Penderfynodd Norman Florence wedyn ei fod o am gynhyrchu un arall o ddramâu Saunders Lewis, sef 'Gymerwch chi Sigarét?' Roedd yn mynnu bod honno hefyd yn cael ei gwneud yn y ddwy iaith, a'i pherfformio ar hyd a lled Cymru. I ba ddiben, Duw a ŵyr. Eleanor Roberts, oedd yn gweithio i'r cwmni fel rheolwr llwyfan, gymrodd y cyfrifoldeb o gyfieithu'r ddrama, ac mi wnaeth gyfieithiad ardderchog. Wynford Ellis Owen oedd yn cyfarwyddo a chymerwyd rhannau eraill gan Michael Povey, Eluned Jones, Christine Pritchard a minnau.

Un peth oedd yn ein dal yn ôl wrth inni ymroi i ddysgu'r ddrama oedd nad oedden ni ddim hyd yn hyn wedi cael sêl bendith Saunders Lewis ei hun ar y cyfieithiad Saesneg. Felly bu rhaid i gynrychiolwyr y Cwmni deithio i'w gartref ym Mhenarth i ymweld â'r gwron. Doedd o ddim yn ymweliad llwyddiannus. Yr ateb gawson nhw oedd bod yna gyfieithiad o 'Gymerwch chi Sigarét?' yn bod yn barod ac mai hwnnw, a dim ond hwnnw, fyddai'n cael sêl bendith y dramodydd. Y cyfieithydd oedd R. O. F. Wynne, sgweiar Garthewin yn ardal Llanrwst, ffrind agos i Saunders a dyn fu'n gyfrifol am sefydlu Theatr Fach Garthewin. Tybed ai fo mewn gwirionedd a gyfieithodd 'Gymerwch chi Sigarét?' i'r Saesneg? Pwy bynnag oedd y cyfieithydd mi fu'n rhaid inni droi at y fersiwn hwnnw. Ond mi gawsom amser digon diddorol yn perfformio yn y ddwy iaith ledled Cymru.

Fedra i ddim honni imi fod yn gyfaill personol i Saunders ond rydw i'n falch o ddweud imi gael y profiad o'i gyfarfod. Gan ei fod o'n gymaint o feudwy, does dim llawer fedr ddweud hynny.

Ar ôl cael fy mhrofiad cyntaf o actio yn perfformio 'Eisteddfod Bodran', mi gefais y pleser o gymryd rhan mewn pump arall o ddramâu Saunders, ar lwyfan neu deledu. Mi fyddai'r dyn ei hun yn galw mewn ambell rihyrsal pan fydden ni'n gwneud un o'r dramâu yng Nghaerdydd – cyrraedd yn gysáct ar yr awr a gadael ar yr awr. Os byddai rhywun yn gofyn iddo egluro rhywbeth yn ei ddramâu mi fyddai'n gwrthod. Mater i'r actorion oedd eu dehongli nhw yn eu ffordd eu hunain, medda fo. Dwi'n ein cofio ni unwaith yn gwneud 'Esther' yn stiwdio'r BBC o dan gyfarwyddyd George P. Owen, un o hogia Sir Fôn, a finnau'n chwarae rhan Mordecai. Roedd Saunders wedi dod i'r stiwdio i weld y recordiad. O gwmpas y stiwdio neu'r set roedd 'na gyrten mawr, ac ychydig o le i gerdded y tu ôl iddo. Y drefn yr adeg honno oedd recordio'r ddrama ar gyfer teledu yn ei chrynswth bron, fwy fel tasa hi'n ddrama lwyfan. Heddiw maen nhw'n torri pob dim i fyny'n fân olygfeydd ac wedyn yn rhoi'r rheini wrth ei gilydd yn y stafell olygu, fel rhyw jig-so-pysl mawr. Os cewch chi bedair tudalen ddi-dor o sgript heddiw mae ganddoch chi ddrama.

Roeddwn i tu ôl i'r cyrtens 'ma yn rhoi rhyw dro ar fy ngeiriau, ac ar yr un pryd yn cadw 'nghlustiau'n agored am y 'ciw' i fynd yn ôl ar y set. Fanno'r oeddwn i'n cerdded yn ôl ac ymlaen yn dweud y llinellau yn fy meddwl, gan ofalu peidio gwneud siw na miw i amharu ar yr actio oedd yn digwydd yr ochr arall i'r cyrten. Roedd gen i wisg laes fel clogyn mynach amdanaf, barf yn cyrraedd bron at fy motwm bol, ac yn cario ffon hir fel ffon bugail. Yn sydyn mi deimlais blwc bach yn y wisg, fel tasa hi wedi bachu yn erbyn rhywbeth. Mi drois i'w rhyddhau, a phwy oedd yno ond Saunders Lewis. Fo oedd oedd wedi tynnu yn y wisg er mwyn cael fy sylw.

'Stewart,' medda fo yn ei lais tawel, main, 'Ga i ddiolch ichi am eich Cymraeg clasurol.' Trodd ar ei sawdl ac i ffwrdd â fo.

Mae'n rhaid imi gyfadde 'mod i'n teimlo'n hynod o falch. Wrth glodfori fy iaith a'm harddull i roedd o hefyd wedi clodfori iaith holl drigolion Eifionydd. Felly maen nhwtha'n siarad Cymraeg.

Y Theatr Ddieithr

Un o'r pethau difyr ynglŷn â'r busnes actio 'ma ydi'r amrywiaeth sy'n dod i ran rhywun yn ei waith. Mae 'na gyfle o hyd i roi cynnig ar rywbeth newydd, ond am wn i mai'r fenter mwyaf newydd ac arloesol y bûm i'n cymryd rhan ynddi erioed oedd y Theatr Ddieithr. Dechrau'r saithdegau oedd hi, a'r unig gwmni theatr teithiol Cymraeg ar y pryd oedd Theatr Cymru. Doedd Bara Caws a'r Frân Wen ac ati ddim eto wedi eu geni.

Dau actor y bûm i'n gweithio llawer efo nhw oedd Clive Roberts a Valmai Jones. Roedden nhw'n ŵr a gwraig ar y pryd, a'u syniad nhw oedd sefydlu'r Theatr Ddieithr er mwyn llenwi bwlch, fel yr oedden nhw'n gweld pethau, yn y ddarpariaeth i gynulleidfaoedd Cymraeg. Roedd yna grant bychan i'w gael gan Gyngor y Celfyddydau ond mi fyddai unrhyw incwm i'r fenter yn dibynnu bron yn llwyr ar yr arian y byddai pobol yn ei dalu wrth y giât. Roedd Clive yn benderfynol o roi cynnig arni, cyn belled â bod pawb oedd yn ymuno yn deall ei bod hi'n fenter heb lawer o sicrwydd ariannol. Cytunais innau i gymryd rhan, ar y ddealltwriaeth honno.

Doedd ganddon ni ddim seiliau nac asedau yn y byd, ond mi gawsom ddefnyddio Theatr y Gegin yng Nghricieth ar gyfer ymarfer. Y rhaglen oedd dwy ddrama, sef 'Y Pry' gan Michael Povey a 'Dinas Barhaus'

139

gan Wil Sam. I ymestyn rhywfaint ar y sioe roeddwn innau i ddarllen dwy stori fer rhwng y ddwy ddrama, sef 'Yr Angladd', allan o *Ystorïau Heddiw*, a 'John Breimar Hughes', eto gan Wil Sam.

Doedd yna ddim dynes ar gyfyl y cast yn yr un o'r dramâu, felly doedd Valmai ddim yn actio, ond roedd o'n gyfnod prysur iawn iddi hithau gan mai hi oedd yn gwneud y rhan fwyaf o'r gwaith trefnu. Clive, Michael Povey a finnau oedd yn actio, efo Clive yn cyfarwyddo 'Y Pry' a finnau'n cyfarwyddo 'Dinas Barhaus'. Roedd ganddon ni un aelod arall yn y tîm, sef Mici Plwm. Fo oedd y trydanwr a'r rheolwr llwyfan ac ar y pryd roedd ganddo fo wallt hir, bron i lawr at ei sgidia.

Doedd ganddon ni ddim props gwerth yr enw, er y byddai wedi bod yn help inni gael rhai yn nrama Michael. Y cwbl oedd ganddon ni oedd batins wedi'u peintio'n wyn a'u gwneud yn sgwariau ar draws y gwaelod er mwyn iddyn nhw sefyll i fyny. Roedden ni wedyn yn clymu rubanau gwyn o un i'r llall i wneud waliau, a gadael un lle yn wag ar gyfer drws. Trwy hwnnw y byddai rhywun yn gwneud ei *entrance*. Dyna ichi holl asedau materol y Theatr Ddieithr.

Mewn hen fan fawr y byddai'r rhain yn cael ei cludo o gwmpas y wlad, ac yn honno y byddai Povey, Mici a finnau yn teithio hefyd. Roedd Clive a Valmai yn trafeilio mewn car: nhw oedd yr 'executives'! Mae'n rhaid bod golwg go od arnon ni'n teithio'r wlad. Dwi'n ein cofio ni'n galw yn Nhafarn Jem, rhwng Llanbed a Chaerfyrddin, lle tebyg iawn i rai o dafarnau Iwerddon, efo siop a thafarn yn un. Mi ddychrynodd yr hen wraig oedd yn cadw'r lle pan welodd hi Mici Plwm efo'i wallt hir. Doedd hi erioed wedi gweld y fath greadur yn ei dydd ond mi gytunodd i werthu potel o gwrw bob un inni. Doedd ganddi hi ddim cwrw casgen.

Roedd y daith yn agor yn y Gegin ar y degfed o Ebrill 1972. I ffwrdd â ni wedyn i Bwllheli, Amlwch, Bangor, Dolgellau, Bala, Llanelwy, Llanfyllin, Aberystwyth a Chaerfyrddin, gan orffen efo dwy noson yn yr hen Theatr Casson yn Clifden Street, Caerdydd. Beth bynnag oedd ein gwendidau ni allai neb amau'n hawl i alw'n hunain yn theatr deithiol.

Mi gawsom adolygiadau digon caredig gan y beirniaid ond yn ariannol, doedd ganddon ni ddim gobaith gan ein bod ni'n gorfod talu cymaint am ddefnyddio'r gwahanol lefydd. Mae'n siŵr bod Clive wedi colli cryn dipyn o arian ar y fenter ond mi gawson ni lawer o hwyl.

Heddiw mae Theatr Casson wedi cau, Tafarn Jem wedi ei moderneiddio, a'r Theatr Ddieithr wedi diflannu ar ôl yr un daith ddifyr honno.

Emlyn Williams Arall

Dim ond un actor o'r Gogledd allech chi'i alw'n 'film star' go iawn pan oeddwn i'n dechrau yn y busnes actio, ac Emlyn Williams oedd hwnnw. Nid Emlyn Williams Llanbedrog ond y dramodydd a'r actor o ardal Mostyn, Sir y Fflint. Roedd o wedi cyrraedd y brig yn y pumdegau a'r chwedegau ac roeddwn i'n ei theimlo hi'n dipyn o anrhydedd pan ddaeth gwahoddiad i fynd i Lundain i recordio un o'i ddramâu o ar gyfer y radio ym mhencadlys y BBC.

Roeddwn i wedi cymryd diddordeb yn Emlyn Williams ers blynyddoedd. Dwi'n cofio mynd i weld 'Last Days of Dolwyn', oedd wedi'i sgriptio ganddo fo, mewn sinema orlawn yn Lerpwl pan oedden ni ar ein mis mêl yn 1950. Yn y ffilm honno y daeth Richard Burton i amlygrwydd gynta, ond y peth mwya ydw i'n ei gofio amdani ydi rhyw fugail yn morio canu 'Bugeilio'r Gwenith Gwyn' bob tro roedd o'n dod i'r golwg, a'r gynulleidfa yn Lerpwl yn gweiddi a'i ddirmygu!

'The Wind of Heaven' oedd enw'r ddrama roeddwn i i gymryd rhan ynddi. Roedd hi'n seiliedig ar brofiad a gafodd yr awdur ym Mhalesteina yn ystod y rhyfel ac yn sôn am ryw hogyn bach oedd yn dweud ei fod o wedi gweld Iesu Grist. Ym marn llawer o'r beirniaid hon oedd y ddrama orau i Emlyn Williams ei sgwennu. Roeddwn i i actio tafarnwr Cymraeg. Ymhlith y cast roedd Lisabeth

Miles, Nigel Stock, Freddie Jones a Siân Phillips, ac mi gafwyd ar ddeall y byddai'r awdur ei hun o gwmpas y lle. Yn naturiol roedd rhywun yn mynd i deimlo fymryn yn nerfus wrth weithio yn y fath gwmni.

Roeddwn i'n edrych ymlaen at weld yr Emlyn Williams 'ma, ond heb fawr o syniad beth i'w ddisgwyl. Yr hyn a'm synnodd i wrth ei gyfarfod gyntaf oedd na siaradodd o ddim byd ond Cymraeg efo fi. Am wn i nad oedd o'n meddwl na fedrwn i ddim Saesneg. Cymraeg oeddwn i'n ei glywed hefyd gan Siân Phillips, fel y byddech chi wedi'i ddisgwyl gan ferch o Waen-caegurwen. Ond doeddwn i ddim wedi disgwyl hynny gan Emlyn Williams.

Roeddwn i'n ei weld o'n ddyn diymhongar iawn. Soniodd wrthyf sut yr oedd Cynan wedi bod yn ei helpu i baratoi ar gyfer rhyw araith yr oedd o i'w thraddodi yn Eisteddfod Genedlaethol y Rhyl yn 1953. Honno, am wn i, oedd yr araith enwog pan ddechreuodd o trwy ddweud 'Hogyn bach o Sir y Fflint ydw i...' Dywedodd hefyd bod Cynan wedi bod yn adrodd darn o'i bryddest 'Mab y Bwthyn' wrtho fo, ac roedd o'n dal i gofio rhannau ohoni.

Y syndod mwyaf oedd ei ymateb pan ddywedais i wrtho 'mod i'n byw yng Nghricieth. 'Mi fûm i'n byw yng Nghricieth fy hun am rai misoedd,' medda fo. Roedd o wedi bod yn aros mewn tŷ o'r enw Tŷ Newydd tra'n dysgu Ffrangeg i Megan Lloyd George. Mae'n dweud yn ei hunangofiant, *George*, ei fod o wedi cael ei alw i Gricieth pan oedd o'n fyfyriwr yn Rhydychen yn y dauddegau gan yr Henadur William George i roi gwersi Ffrangeg i'w fab, y Dr W. R. P. George erbyn heddiw. Yn sgîl hynny bu'r rhoi gwersi hefyd i Megan, cyfnither i'r disgybl hwnnw, a merch David Lloyd George.

Roedd o'n dal i gofio enwau rhai o'r bobol oedd o wedi'u cyfarfod yng Nghricieth ac er fy mod innau wedi clywed si cyn hynny iddo fod yn yr ardal, roedd hyn yn profi'r peth. Doedd yna ddim byd yn fawreddog ynddo fo, ac roedd o'n gwmni difyr iawn.

Hwnnw oedd un o'r troeon cynta imi fod yn actio yn Saesneg. Yn fy marn i dydi'r actio ynddo'i hun yn ddim gwahanol beth bynnag ydi'r iaith, yr un ydi'r dechneg er bod y geiriau'n wahanol. Fuo gen i erioed unrhyw uchelgais i actio y tu allan i Gymru, ond mi ddaeth ambell brofiad o wneud hynny o bryd i'w gilydd. Mi dreuliais un haf yn gweithio ar 'Under Milk Wood' efo Cwmni Theatr Cymru. Ym Mangor a Betws y Coed yr oedden ni'n perfformio fwyaf ond mi aed â hi hefyd i'r New London Theatre yn y West End ac i'r Theatre Royal yng Nghaerefrog. Fi oedd Captain Cat a'r Parchedig Eli Jenkins, ac mi gawsom gynulleidfaoedd enfawr ym mhob man.

Profiad cofiadwy arall oedd cymryd rhan mewn pennod o'r gyfres 'The Onedin Line', oedd yn boblogaidd iawn ar y pryd. Dwi ddim yn dda am gofio dyddiadau ond mi wn mai yn 1977 yr oedd hynny.

Yn 1777, 'blwyddyn y tair caib' yr agorwyd yr achos yn Nghapel Brynengan. Roeddwn i wedi cael gwahoddiad i gymryd rhan yn y dathliadau daucan-mlwyddiant, ond fedrwn i ddim mynd am fy mod wedi cytuno i dderbyn galwad arall i Sir Benfro ar gyfer yr 'Onedin Line'.

Y sefyllfa oedd bod yna ddwy long ar yr aber yn

Aberdaugleddau. Onedin ei hun oedd yn gapten ar un a finnau'n gapten ar y llall, oedd i fod yn un o longau Porthmadog. Roedd fy llong i wedi mynd ar y tywod pan oedd llwyth o lechi arni. Roedd Capten Onedin wedi siartrio'r llong i gario defaid o rywle ac roedd pethau'n rhedeg yn hwyr. Roedd o'n dod drosodd ar 'liberty boat' oddi ar ei long o i fy llong i er mwyn rhoi'r ddedfryd i mi am imi fynd â'r llong 'aground' a methu cyflawni'r hyn oeddwn i wedi'i addo.

Y stori oedd bod rhaid i ni ddadlwytho'r llong, oedd yn llawn o lechi, er mwyn ei hysgafnhau hi i'w chael oddi ar y tywod. Roedd ganddon ni ecstras yn griw, a finnau'n gapten. Roeddan nhw'n codi'r llechi 'ma o'r howld, yn gafael ynddyn nhw gan roi bwndel dan bob braich, cerdded ar draws y cwch a'u gollwng nhw i'r 'liberty boat' oedd ar yr ochr draw. Roedd 'na domen o lechi ar y cwch hwnnw'n barod – llawer gormod a dweud y gwir – mi fasa wedi sincio ers meityn tasan nhw'n llechi go iawn. Ond rhai plastig oeddan nhw, wedi'u gwneud i edrych fel llechi. Fel un oedd wedi arfer gweithio ar godi tai roedd yn amlwg i mi na fuasai neb yn medru cario llechi mor rhwydd ag roedd y llongwrs yma'n gwneud. Mi ddeudais hynny wrth y cyfarwyddwr, 'They couldn't carry them under each arm the way they're doing,' medda fi. 'One pack would weigh nearly three quarters of a hundredweight.'

'Thank you for reminding me,' medda fo. 'It would look ridiculous.' Felly dyma fynta'n atgoffa'r llongwrs bod llechi'n bethau trwm, ac ar ôl hynny roedd pawb yn bustachu ac yn tuchan ac yn eu cario nhw bron fesul un a'u gollwng nhw drosodd i'r 'liberty boat' ac wedyn eu tynnu nhw allan eto. Ond yn sydyn dyma bwff o wynt go gry yn codi'r 'llechi' drwy'r awyr ac yn chwythu'r cwbl lot i'r môr nes eu bod nhw'n nofio'n braf ar wyneb y dŵr. Rhyw sbort bach fel yna fyddai rhywun yn ei gael.

Actor arall oedd yn ddiymhongar iawn er gwaetha'i lwyddiant oedd Clifford Evans. Wnâi hwnnw, fel Emlyn Williams, ddim siarad dim ond Cymraeg efo fi pan fuon ni yn Llundain yn gwneud rhywbeth o'r enw 'The Inheritors'. Roedd hwnnw'n gyfnod digon diddorol. Yn ei sgîl mi gefais gynnig rhan fyddai'n golygu 'mod i'n mynd i fod yn Llundain am amser hir. Gwrthod wnes i. Roedd y ffordd o fyw yn hollol wahanol i'r hyn yr oeddwn i'n gyfarwydd ag o, pawb yn mynd ei ffordd ei hun ar ddiwedd diwrnod gwaith, a doeddwn i erioed wedi wedi arfer byw mewn byd hollol Seisnig. Fu gen i erioed awydd i ddatblygu gyrfa yn y byd hwnnw. Nid bod gen i ddim byd yn erbyn y bobol, ond buasai gweithio'n hir yn yr iaith Saesneg a'i siarad hi ym mhobman, yn y gwaith a'r tu allan i'r gwaith, wedi mynd yn friw arna i. Wrth flino roeddwn i'n mynd i'w siarad hi'n fwy carbwl. Ro'n i'n llawer mwy cartrefol, ac mi fyddaf am byth, yn yr hen Gymraeg.

Bob

Cafodd Jean a minnau ein breintio â phump o blant: Bob, Llinos, Iwan, Mary ac Edward. Mi gawn fwy o hanes pedwar ohonyn nhw cyn diwedd y llyfr ond cyn hynny rhaid sôn am un o drasiedïau'n bywyd, hanes ein plentyn cyntaf, Bob.

Hogyn annwyl iawn oedd Bob. Rhoddodd ei fryd ar fynd yn *chef* ac, ar ôl gorffen yn Ysgol Porthmadog, aeth ymlaen i Goleg Llandrillo i gael ei hyfforddi yn y gwaith. Bu am gyfnod byr yn y Park Hotel yng Nghaerdydd cyn cael gwaith ar un o longau P&O. Rwy'n ei gofio'n iawn yn dod adref o Lundain ar ôl y cyfweliad am y swydd honno. Trannoeth roedd o'n gorfod teithio i Southampton i ymuno â'r llong Himalaya, a welson ni mohono fo wedyn am flwyddyn gyfan. Erbyn iddo gyrraedd adre roedd o wedi bod yn Awstralia, Japan ac America.

Aeth ar flwyddyn o fordaith arall ar yr un llong cyn ymuno â llong arall, yr Osava. Daeth adref ar ôl y drydedd fordaith yn dweud nad oedd yn teimlo'n dda iawn a'i fod am aros gartref o'r môr. Aeth i weld meddyg, ac fe sylweddolwyd ei fod yn dioddef o 'multiple sclerosis'. Dirywio'n raddol fu ei hanes wedi hynny.

Yn ystod ei fordaith olaf roedd wedi cyfarfod merch o Sydney, sef Robyn O'Sullivan. Aeth draw i Awstralia, priododd y ddau yn Sydney a chawsant fab, Andrew, sydd yno hyd heddiw.

Roedd salwch Bob yn bryder mawr i ni fel teulu, yn enwedig ac yntau mor bell i ffwrdd. Roedd ambell lythyr yn cyrraedd a ninnau'n gweld oddi wrth ei ysgrifen nad oedd pethau ddim yn iawn yno; felly trefnwyd i'w fam a'i frawd ieuengaf, Edward, fynd draw i'w weld. Treuliodd y ddau rai wythnosau yn Sydney a'u neges ar ôl cyrraedd adref oedd fod Bob yn gwaethygu. Bu ei chwaer Llinos yno wedyn am fis, a'r un newydd oedd ganddi hithau.

Yn 1979 roeddwn ar daith gyda Chwmni Theatr Cymru ac yn aros yn y Borth, Aberystwyth tra'r oedden ni'n perfformio yn Theatr y Werin. Cysylltais â chartref a chael ar ddeall fod Bob yn yr Uned Gofal Arbennig mewn ysbyty yn Googara, ryw 25 milltir o Sydney. Roedd wedi cael yr hyn oedden nhw'n ei alw'n 'grand mal epileptic fit', ac yn dioddef o effaith prinder ocsigen ar yr ymennydd, a'i gof wedi ei niweidio. Roedd un o'r nyrsus oedd yn yr ysbyty yn ferch i Huw a Nel Jones oedd wedi ymfudo o Lanrug i Awstralia. Hi ddaru gysylltu efo ni i ddweud am y ffit. Cawsom wybod ganddi hefyd y byddai Bob, pan fyddai'n dweud rhywbeth yn ei waeledd, yn ei ddweud yn Gymraeg, ac roedd hithau'n falch o fod yno i'w helpu. Un arall fu'n dda iawn wrtho yn ystod ei salwch oedd Mrs Woods, oedd yn hanu o bentre'r Ffôr, ddim ymhell o'i gartref. Byddai'n cael ambell sgwrs yn Gymraeg efo hithau.

Ond beth oeddem ni am ei wneud? Penderfynwyd bod yn rhaid mynd draw i'w weld. Cawsom lawer o help gan swyddogion Australia House yn Llundain a gan ein Aelod Seneddol, Dafydd Wigley, i gyflymu pethau fel y gallai Jean a Llinos, a oedd bellach yn nyrsio yn hen ysbyty'r C&A ym Mangor, hedfan i Awstralia cyn gynted ag oedd bosib. Bu swyddogion y C&A hefyd yn hynod o garedig yn caniatáu i Llinos gael ei rhyddhau o'i gwaith. Erbyn i'r ddwy gyrraedd Sydney roedd Bob wedi ei ryddhau o'r ysbyty ond, druan bach, wedi colli ei allu i gofio unrhyw beth. Penderfynwyd mai'r peth gorau fyddai ei gael adref i Gymru. Roedd ei wraig yn fodlon, a dyna a ddigwyddodd.

Profiad rhyfedd oedd ei weld am y tro cyntaf ar ôl iddyn nhw ddychwelyd adref, ac yntau ddim yn fy adnabod. Bu gyda ni ar yr aelwyd am bum mlynedd ac roedd pawb yn ofalus iawn ohono.

Yn ystod ei waeledd, pan oedd o'n gwanhau ond â'i feddwl yn dal yn glir, fe sgwennodd gerdd yn sôn am ei sefyllfa. Hyd y gwyddon ni doedd o erioed wedi ymhel dim â barddoni cyn hynny. Cerdd Saesneg oedd hi, a'i theitl oedd 'Why?'. Hwn oedd y pennill cynta:

> You've been here now for many a day
> Without a single word to say;
> Before, your arms were waving
> And your head nodding,
> But now, nothing.
> Please tell us why
> It had to be you who is to die.
> Oh why? Oh why?

Aeth Bob oddi wrthym yn sydyn yn 1985, yn 34 oed. Roedd ei chwaer Llinos erbyn hyn yn Sister yn yr Uned Gofal Arbennig ym Mangor ac roedd hi yno efo fo yn yr uned honno hyd y diwedd. Roedd teimladau Cennin yn ei englyn, 'Am un annwyl mi wn innau', bellach yn brofiad i ninnau hefyd.

Billy

Roedd Llinos fy merch yn chwilfrydig ynglŷn â'r gwreiddiau teuluol oedd ganddi yn yr Alban ar fy ochor i. Felly pan aeth hi ar wyliau i'r Alban tua dechrau'r nawdegau efo'i mam a chwaer ei mam mi ddywedais wrthi, 'Gwranda, os wyt ti'n mynd i gyfeiriad Aberdeen a rhyw lefydd fel'na dos i holi rhywfaint am y teulu Bremner 'ma,' ac mi rois fy nhystysgrif geni iddi i fynd efo hi. Bremner, wrth gwrs, oedd enw fy mam cyn iddi briodi.

Rhyw grwydro o le i le yr oedden nhw ar eu gwyliau, ac mi gyrhaeddon bentre Kemnay, lle'r oedd cartre fy mam. Yn y fan honno mi fuon yn holi a chael ar ddeall bod yna deulu o'r enw Bremner yn byw mewn tŷ wrth y cwrs golff ar gyrion y pentre.

Cnociodd Llinos ar ddrws y tŷ a gofyn i'r wraig 'ma ai hi oedd Mrs Bremner a chadarnhaodd y wraig mai dyna oedd ei henw. Gofynnodd Llinos iddi a oedd ei gŵr yn ffarmwr. 'Yes he was,' medda hi, 'But he died. I am his widow'. 'The reason I'm here,' meddai Llinos, 'is that I think my father's mother was your husband's sister.' Gofynnodd y wraig i Llinos o ble'r oedd hi'n dod, ac mi ddywedodd nad oedd gan ei diweddar ŵr unrhyw berthnasau yng ngogledd Cymru. Ar ôl i Llinos esbonio mwy, a dangos fy nhystysgrif geni, doedd Mrs Bremner ddim yn hapus iawn. Wnaeth hi mo'i gwahodd i'r tŷ ond yn y diwedd dyma hi'n dweud, 'Your grandmother used to live in this house with her brother. She moved here when her husband died. It was after she died that her brother married me and I came to live here.'

Gofynnodd Llinos: 'Is there anything of my grandmother's stuff here, any small thing that I could have to give to my father to remember his mother by?' Nagoes, dim byd, medda Mrs Bremner. Doedd ganddi ddim diddordeb. Dyma Llinos yn gofyn wedyn oedd yna unrhyw berthnasau eraill yn dal o gwmpas. 'There's somebody over in Aberdeen somewhere who does something with dogs,' medda hi. A dyna ddiwedd y sgwrs.

Yn fuan wedi hynny roeddwn i'n gweithio ym Mhen Llŷn ar y gyfres deledu 'Storïau'r Henllys Fawr'. Sgotyn o'r enw Duncan oedd y dyn goleuo ac roedd ganddo fo drwydded peilot. Bob hyn a hyn mi fyddai'n hedfan mewn awyren ysgafn o faes awyr Caernarfon adre i Dundee i weld ei fam. Roedd ganddo hefyd dipyn o gysylltiadau ag Aberdeen.

Cyn iddo fynd adre ar un o'r teithiau hynny dyma fi'n dweud wrtho fy mod i'n amau bod gen innau berthnasau yn Aberdeen. Dwedais yr hanes wrtho, a'r hyn oedd Llinos wedi'i glywed am y bobol 'ma oedd yn gwneud rhywbeth efo cŵn ac mi addawodd y bydda fo'n holi eu hynt. Welais i mo Duncan wedyn am dipyn ond y tro nesa inni gyfarfod dyma fo'n dweud, 'They're in haulage!' Fedra fo ddim dweud mwy na hynny ond roedd o'n swnio'n ddigon siŵr o'i bethau.

Flwyddyn ar ôl y daith gyntaf aeth Llinos a'i mam a'i modryb Gwyneth ar wyliau eto i'r Alban. Mi roddais y dystysgrif geni iddyn nhw ar y daith yma hefyd, a'u hatgoffa i gadw golwg am y Bremners oedd yn ymwneud â chŵn a lorïau yn ardal Aberdeen. Roedden nhw wedi bod yn Aboyne yn gweld hen gartref Miss Cargill, ac yn teithio oddi yno tuag Aberdeen pan welson nhw lori felen, tua 15 tunnell, wedi parcio mewn 'lay-by'. Yr enw ar ei hochr oedd William Bremner and Son, King's Wells, Aberdeen. Stopiodd Llinos y car ond doedd neb i'w weld ar gyfyl y lori. Aeth allan efo'i chamera i dynnu lluniau o'r lori o wahanol onglau er mwyn cael eu dangos i mi ar ôl mynd adre.

Yn sydyn dyma ddrws y cab yn agor a dyn yn neidio allan. 'Why are you taking a picture of my waggon?' medda fo. Dyma Llinos yn dweud mai yn yr enw yn hytrach na'r lori yr oedd ei diddordeb hi. Pam hynny? meddai'r dyn. Am ei fod o'n 'Bremner', meddai Llinos. Bremner oedd enw mam fy nhad, cyn iddi briodi. Ydych chi'n un o'r Bremners sydd biau'r lori? 'Aye, I'm the son,' medda fo. Aeth Llinos i'w char i nôl fy nhystysgrif geni i'w dangos iddo fo a dyma fo'n darllen enwau fy rhieni, David MacEwan ac Adelaide Bremner. 'I had an Antie Adie,' medda fo. 'But she never had a son,' a dyma fo'n edrych eto ar y dystysgrif geni. O dipyn i beth mi sylweddolwyd bod Llinos newydd gyfarfod ei chyfyrder. 'You'd better go to the farm to have a word with my father,' medda fo.

Doedd Billy Bremner ddim adre pan gyrhaeddon nhw'r ffarm, roedd wedi mynd i ffwrdd i brynu gwellt i rywle, ond roedd yn amlwg bod y teulu yma'n fwy croesawgar na'r Mrs Bremner oedden nhw wedi'i chyfarfod yn Kemnay flwyddyn ynghynt. Cawsant wahoddiad i fynd i'r tŷ i aros amdano a phan gyrhaeddodd Billy dangosodd Llinos y dystysgrif geni iddo, a dweud pam yr oedden nhw yno. 'Aye aye, I remember Aunt Adie and Uncle David,' meddai yntau. 'But I never knew they had a son. My God, he's my first cousin!' Roedd tad Billy yn frawd i fy mam. Yn wahanol i'w fodryb mi dderbyniodd Billy'r newydd am ei gefnder yng Nghymru yn llawen.

★ ★ ★

Yr unig Billy Bremner y gwyddwn i amdano cynt oedd hwnnw oedd yn arfer chwarae pêl-droed i Leeds United a'r Alban. Ddychmygais i erioed bod gen i gefnder cynta o'r un enw ond roedd Billy mor awyddus i fy ngweld ag oeddwn innau i'w gyfarfod yntau. Siaradais efo fo ar y ffôn a chael ar ddeall ei fod o'n arfar dwad i ffarm Dugoed ym Mhenmachno ers dechrau'r wythdegau i brynu cŵn defaid. Roedd o wedi dod yn ffrindiau efo'r ffarmwr, Georgie Lloyd, oedd yn bridio a hyfforddi cŵn, ac ar ei ffarm o y byddai Billy'n treulio llawer o'i wyliau.

Dyma fo'n ffonio ryw ddiwrnod o Dugoed ac yn dweud ei fod o am ddod i Gricieth i 'ngweld i ar ryw ddiwrnod neilltuol. Doedd gen i ddim syniad beth i'w ddisgwyl, na sut ddyn oedd o ond dyma ddau ddyn i'r drws. Roedd un yn siarad Cymraeg. 'Dwi wedi dod â fo i weld yr hen Ifas,' medda fo, ac mi ddois i'r casgliad mai hwnnw oedd Georgie Lloyd. 'How are ye?' medda'r llall yn yr acen Highlands gref 'ma. Roedd o'n gymeriad roedd rhywun yn cymryd ato fo'n syth.

Mi arhosodd Georgie Lloyd am sbel ac wedyn mi aeth adra, a gadael Billy a finnau hefo'n gilydd. Fuaswn i ddim yn dweud ei fod o'n debyg i mi o ran corff, ond roeddwn i'n gweld tebygrwydd mawr rhyngddo fo ac Edward, fy mab ieuenga. Dyn tenau oedd o, rhyw ewin o ddyn. A brethyn da ganddo fo, fel y byddai rhywun yn disgwyl ac yntau'n berchen ffarm anferth yn ogystal â'r busnes lorïau.

Mi es â fo o gwmpas yn ardal. Un dyn yr oedd o'n awyddus iawn i'w gyfarfod oedd Alan Jones, y pencampwr cŵn defaid o Bontllyfni. Trwy gydddigwyddiad roeddwn innau'n 'nabod Alan. Roedd o wedi bod yn ddifrifol wael dipyn ynghynt, ac wedi treulio wythnosau yn yr uned gofal arbennig yn yr ysbyty ym Mangor, lle'r oedd Llinos yn un o'r rhai oedd yn edrych ar ei ôl. Wedi iddo wella roedd o eisiau gwneud rhywbeth i ddangos ei ddiolchgarwch i'r ysbyty a beth wnaeth o ond trefnu noson lawen yn Lleuar Bach, Pontllyfni a finnau'n ei harwain, efo'r arian i gyd yn mynd at yr uned gofal arbennig. Felly roedden ni wedi dod i 'nabod ein gilydd.

Roedd hi'n haws felly imi fynd â Billy yno i'w gyfarfod o, ac roedd y ddau wrth eu bodd yn sgwrsio. Rhoddodd Alan ac un o'i gŵn berfformiad personol i Billy a minnau o'i allu i drin y ci defaid. Roedd yn fraint cael gweld pencampwr byd wrth ei waith. Anhygoel!

Pan oedd o'n mynd adre i'r Alban rhoddais gopi Saesneg o'r ffilm 'Ewyllys Dda' iddo fynd efo fo. Roedd Emlyn Williams wedi ffilmio honno yn y ddwy iaith. Mi fyddai hynny'n gyfle i weddill teulu Billy weld sut un oedd y perthynas newydd 'ma oedd wedi dod i'w bywydau nhw mor annisgwyl.

Wedyn mi fûm innau'n aros efo fo yn yr Alban. Roedd

ganddo wraig, Belle, a dau fab, Billy a Conrad. Roedd yr hynaf, Billy, adra ar y ffarm a Conrad yn gweithio ar y lorïau. Conrad oedd wedi neidio allan o'r cab a darganfod ei fod yn gyfyrder i'r Gymraes ddieithr 'ma oedd yn tynnu llun ei lori. Roedd y ddau fab wedi bod yn chwaraewyr pêl-droed proffesiynol, Billy gyda Dundee a Conrad gyda Dundee United i ddechrau, ac wedyn efo clybiau yn yr Highland League.

Pan oedd fy nghefnder yn ifanc roedd o'n perthyn i fand teuluol, The Bremner Band. Mi fydden nhw'n chwarae o gwmpas y neuaddau pentre a phobol yn dawnsio'r dawnsfeydd Albanaidd 'ma y bydden nhw wedi eu dysgu yn blant bach yn yr ysgol. Chwarae'r drymiau y byddai Billy, ei dad ar y sacsoffôn, un chwaer yn chwarae'r acordion a chwaer arall ar y piano. Roedd cerddoriaeth yn rhan naturiol o fywyd y teulu. Fedrwn innau ddim peidio cofio'r wraig, oedd yn fodryb i Billy ac yn fam i minnau, yn chwarae'r piano yn y cyfnod byr hwnnw a dreuliais yn ei chwmni.

Mi aeth â fi i Aberdeen i weld aelod arall o'r teulu, dynes oedd yn weddw i frawd arall i fy mam ac i dad Billy. Roedd gan honno gefndir teuluol mwy anarferol hyd yn oed na f'un i. Roedd hi wedi'i magu yn yr Aifft ar ôl i'w theulu orfod ffoi yno trwy Wlad Groeg o Sarajevo yn Bosnia. Ei 'claim to fame' oedd bod ei thad, pan oedd yn ifanc, wedi bod yn arddwr i'r Archduke Franz Ferdinand, a gafodd ei saethu ynghyd â'i wraig yn Sarajevo yn 1914, y digwyddiad a ddechreuodd y Rhyfel Byd Cynta. Sefydlodd y teulu ar ynys yn afon Nîl lle sefydlodd ei thad ardd go arbennig. Bu'r ardd mewn bodolaeth nes i'r Arlywydd Nasser ddod i rym yn yr Aifft pan gafodd ei chwalu. Roedd merch y garddwr wedi cyfarfod ei gŵr, milwr o'r Alban, pan oedd yn gwasanaethu yn yr Aifft yn ystod yr Ail Ryfel Byd. Hwnnw oedd brawd ieuengaf fy mam. Dywedodd wrth Billy a minnau ei bod wedi sgwennu llyfr ar hanes rhyfeddol ei theulu ond yn methu â chael neb i'w gyhoeddi.

Camp fwyaf Billy oedd trin cŵn – nid cŵn defaid yn fwyaf arbennig ond adargwn, neu 'retrievers'. Roedd o wedi ennill nifer o wobrau trwy Brydain, y bwysicaf ohonyn nhw yng Nghrucywel yng Nghymru pan oedd y 'Game Show' yn cael ei chynnal yno. Dangosodd y fedal i mi, a phwy oedd wedi'i chyflwyno hi iddo ond y Frenhines.

Hefyd mi ddywedodd beth annisgwyl iawn. Roedd o'n 'nabod y Frenhines yn dda ymhell cyn iddyn nhw gyfarfod yng Nghrucywel gan ei fod o'n byw o fewn ychydig filltiroedd i Balmoral, a phan fyddai'r teulu Brenhinol yn saethu adar yno mi fyddai yntau'n cael galwad i fynd draw yno efo'i gŵn. Fyddai'r Frenhines ddim yn saethu ond roedd hi'n un dda efo'r adargwn, yn ôl Billy.

Roedd y Frenhines yn hen beth ddigon clên medda fo. 'But I never liked that Princess Anne very much. I found her a bit snooty!'

Roedd Billy wedi rhegi unwaith yng ngŵydd y Frenhines. 'Bloody hell I did the wrong thing there,' medda fo, ar ôl i rywbeth fynd o'i le efo'r cŵn. 'Billy Billy, what are you doing!' medda hithau. Rhybuddiodd fi i beidio meiddio dweud y stori honno wrth neb. 'I'll have the press snooping around and I certainly don't want that.'

Mi gaf ddweud hynny heddiw, achos mae'r hen Billy wedi'n gadael. Rhyw gwta ddwy flynedd fuo fo byw ar ôl inni ddod i 'nabod ein gilydd. Yn y cyfnod byr hwnnw mi gefais ddeimensiwn newydd yn fy mywyd, un oedd yn llenwi rhyw wacter, ac mi dria i esbonio pam.

Unwaith y syweddolais i, yn bymtheg oed, nad oedd yna ddim cysylltiad gwaed rhyngdda i a Cennin roeddwn i'n teimlo'n unig iawn. Doedd gen i ddim teulu gwaed y gwyddwn i amdanyn nhw yn y byd nes imi gael fy mhlant fy hun. Heb israddio dim ar y perthnasau oedd gan Cennin, fedrwn i ddim cerdded i mewn i'w tai nhw a theimlo'u bod nhw'n perthyn i mi. Dwi ddim eisiau gwneud môr a mynydd o'r peth, ond roeddwn i'n teimlo bod yna ryw fwlch yn fy mywyd. Newidiodd hynny'n llwyr pan welais i Billy. Mi newidiodd rhywfaint pan welais i fy nhad a mam, ond mi wrthododd y rheini fi, a hynny am yr ail dro. Ddaru Billy mo fy ngwrthod, roedden ni'n ffrindiau o'r eiliad gynta ac mi fuasen wedi gwneud llawer efo'n gilydd tasa fo wedi byw. Mae'n drist cymaint o golled gafodd y ddau ohonon ni trwy beidio cael dod i 'nabod ein gilydd ynghynt. Rydw i'n dal mewn cysylltiad agos efo'i feibion a'i wyrion o ac mi fedraf godi'r ffôn i gael sgwrs efo nhw ar unrhyw adeg gan wybod, 'Mae'r rhain yn perthyn i mi.'

Yn Ôl i'r Alban

Yn 1995 daeth Eurwyn Williams o Ffilmiau Eryri ata i a gofyn fuaswn i'n ystyried cydweithio efo fo ar ffilm am hanes fy nghefndir yn yr Alban, i'w dangos ar S4C. Ro'n i wedi dweud hanes fy mywyd ar y radio flynyddoedd cyn hynny. Harri Gwynn oedd wedi cael syniad am raglen o'r enw 'Y Tro Cynta' lle'r oedd pobol yn dweud hanes y tro cynta roedden nhw wedi gweld gêm ffwtbol broffesiynol neu gêm rygbi, neu ryw ddigwyddiad tebyg. Ac mi ofynnodd i mi fuaswn i'n fodlon disgrifio rhyw brofiad felly yn fy hanes. Dyna pryd y tarodd y syniad yn fy mhen i sôn yn gyhoeddus am y tro cynta y gwelais i fy nhad a mam. Daeth Harri acw i'm recordio yn dweud fy hanes yn mynd i'r Alban yn chwech ar hugain oed a'u cyfarfod nhw. Ar ôl y sgwrs honno daeth yn wybodaeth fwy cyffredinol bod gen i wreiddiau teuluol y tu allan i Eifionydd a Chymru, ac mae'n bosib mai'r rhaglen honno wnaeth symbylu Eurwyn i feddwl am wneud ei ffilm.

Dyma ystyried y cynnig. Roedd yn rhaid meddwl sut y buasai rhaglen felly'n cael ei ffurfio, doedd o'n da i ddim byd i mi fod yn siarad i mewn i gamera yn dweud fy stori, fel pe bawn i ar y radio. Roedd yn rhaid trio gwneud y peth yn fwy diddorol na hynny i lenwi tri chwarter awr. Es i drafod y peth efo Wil Sam a dyma ni'n cynnig i Eurwyn y buasai'n well i ni ei wneud o fel cyfres o sgetsus yn symud o'r naill leoliad i'r llall, a finnau'n dweud pytiau i'r camera rhyngddyn nhw. A llunio sgript ar y patrwm hwnnw a wnaed.

Roedd hwn yn brofiad gwahanol i bob gwaith arall ddaeth i fy rhan, am ei fod o mor bersonol. Nid actio yr oeddwn i, ond adrodd fy hanes fy hun. Actorion eraill, a rhai pobol 'go iawn', oedd yn dramateiddio rhai o'r digwyddiadau yn y stori. Er enghraifft mi aethon â Llinos efo ni ar y daith ffilmio er mwyn iddi hi a'i chyfyrder, Conrad, ail-greu y cyfarfyddiad annisgwyl hwnnw pan oedd hi'n tynnu llun ei lori.

Roedden ni wedi bod yn yr Alban ymlaen llaw yn gwneud tipyn o waith ymchwil. Roeddwn i'n gwybod cryn dipyn erbyn hyn am deulu ochr fy mam, diolch i'r cysylltiad roeddwn i wedi'i wneud efo Billy a'i deulu, ond roeddwn i'n dal yn y niwl am ochr fy nhad i bethau. Roedd yn rhaid i ni ddechrau o ddim yn y fan honno ac mi gomisiynwyd ymchwil gan ddyn hel achau o Perth. Efo help hwnnw cafwyd hyd i ffarm o'r enw Green of Keillour ym mhlwy Foulis-Wester. Yno roedd fy nhad a'i bum chwaer wedi cael eu magu. Roedd y ffermdy anferth erbyn hyn yn wag gan fod teulu fy nhad wedi ei werthu tua 1946 ac yntau wedi mynd i weithio i'r Llywodraeth. Doedd yna ddim cofnod o neb o'i deulu ar ôl yn yr ardal. Dim un.

Roedd Eurwyn, yn ystod ei ymchwil, wedi dod o hyd i hen ffarmwr yn yr ardal oedd yn cofio fy nhad ac mi siaradodd hwnnw ar y ffilm. Roedd 'Dave McEwan' yn ddyn digon tebyg i mi o ran corff, medda fo ac roedd o'n gwybod bod ganddo fo gariad yn athrawes yn Crieff. 'Every Saturday night he'd put on his soft hat and off he'd go in his motor down to Crieff to see his girlfriend…' Yn naturiol doedd y dyn yn gwybod affliw o ddim am fy modolaeth i.

Americanwr cyfoethog oedd yn byw yn Crois Crag, hen dŷ Miss Cargill. Dyn wedi llwyddo ym myd olew Môr y Gogledd, ddywedwn i. Mi fuon ni'n ffilmio'r tŷ ond doedd neb ar ôl oedd yn cofio'r hen wraig.

O leiaf roedd y tŷ'n dal yno, oedd yn fwy na allech chi ei ddweud am y ffarm yn Kemnay lle magwyd fy mam. Stad fawr o dai sydd yno erbyn hyn, a ffordd efo'r enw 'Bremner Way' yn rhedeg drwyddi er cof am y teulu a werthodd y tir i Gyngor Aberdeen. Y peth mwyaf arwyddocaol a ddigwyddodd inni yno oedd bod yr hanesydd lleol fu'n ein helpu yn fab i'r saer coed oedd wedi gwneud arch fy mam. Roedd y bil am ei chladdu yn dal ym meddiant y mab, ac mi gefais ei weld.

Mi ddywedodd Eurwyn rywbryd yn ystod y ffilmio ei fod o'n synnu nad oeddwn i wedi dangos llawer o emosiwn wrth ymweld â'r llefydd oedd yn rhan o fy ngwreiddiau. Mae'n wir nad oeddwn i ddim yn teimlo rhyw lawer o ddim, hyd yn oed pan aethon ni i'r fynwent yn Old Scone i ffilmio bedd fy nhad a mam. Doeddwn i ddim yn gweld llawer o bwrpas i ddagrau-gwneud.

Yr unig dro yr oeddwn i dan dipyn o deimlad oedd yn yr ysgol yn Crieff lle'r oedd fy mam yn arfer dysgu. Roedden ni wedi anfon llythyr i'r papur lleol yn holi am luniau o 'Miss Bremner', ac roedd dau o'i chyn-ddisgyblion, hen wraig a hen ŵr, wedi ymateb trwy fynd â lluniau grŵp ysgol at y papur. Yn anffodus nid yr un athrawes oedd yn cael ei dangos yn y ddau lun ac yn y diwedd daeth yn amlwg mai'r un yn llun yr hen fachgen oedd y Miss Bremner iawn. Roedd o'n hogyn bach yn y dosbarth a fy mam yn sefyll y tu ôl iddo efo'i braich dros ei ysgwydd. Dyna'r unig lun imi ei weld o fy mam.

'Och, that's Miss Bremner alright,' medda fo. Gofynnais iddo sut athrawes oedd hi. 'She was a very kind teacher,' medda fo. 'She was the only teacher in the school I never got the strap from.'

Roedd Eurwyn wedi trefnu inni gael ffilmio yn yr ysgol a chael y plant yn y dosbarth i ganu i ni. Hwnnw oedd yr unig adeg pan deimlais i bethau'n mynd yn anodd. Roedd fy mam wedi dweud wrtha i yn ystod ein cyfarfyddiad byr fel y byddai hi'n chwarae'r piano i'r plant ysgol, a hefyd efo rhyw gwmni opera yn Perth. Pan ddechreuodd y plant yma ganu a'u hathrawes yn chwarae'r piano, o bosib yn yr union ddosbarth lle byddai fy mam yn dysgu, mi edrychais allan trwy'r ffenest gan feddwl mai dyna'r union olygfa y byddai hi wedi bod yn ei gweld ddydd ar ôl dydd, ac mi aeth pethau braidd o fy ngafael. Roedd 'na ddeigryn yn fy llygaid ac roeddwn i'n ei chael hi braidd yn anodd dweud gair o ddiolch wrth y plant. Ond roedd rhaid gwneud hynny er mwyn bod yn gwrtais.

Llwyddodd Eurwyn i wau'r stori gymhleth wrth ei gilydd yn ddigon celfydd. Roedd y teitl yn un amlwg, ac eto'n dweud popeth: 'Stewart Whyte McEwan (Jones)'. Cafwyd ymateb ffafriol iawn, ond mae un sylw sy'n aros yn y cof. Y diweddar Emrys Jones, y newyddiadurwr talentog o Glwyd a fu farw ymhell cyn ei amser, oedd yn sôn amdani ar y radio y bore ar ôl iddi gael ei dangos. Ei air mawr o oedd 'riveting'!

Y 'Rear'

Roedd gwneud y ffilm efo Eurwyn Williams, i raddau helaeth, wedi cau pen y mwdwl ar fy chwilfrydedd ynglŷn â'm gwreiddiau yn yr Alban. Roeddwn i bellach yn gwybod hynny oeddwn i'n debyg o'i wybod, ac o fod yn dymuno'i wybod, am hanes fy nhad a fy mam. Un person oedd yn dal yn dywyllwch i mi oedd Miss Mary Cargill. Oeddwn, roeddwn i'n cofio'i gweld hi'n cyrraedd Rhoslan yn ei Rolls Royce, ac wedi bod yn ei chartrefi yn Aboyne a Chaeredin droeon. Roeddwn i wedi aros dan ei chronglwyd am ddyrnodiau a'i chael yn ddynes hawddgar a bonheddig. Yn blentyn roeddwn i'n ddigon hy ambell dro i'w galw hi'n Anti Mary. Ond, er imi gael cymaint o'i chwmni, wyddwn i'r nesaf peth i ddim am gefndir ac amgylchiadau a chymhellion y wraig oedd wedi rhoi'r tro cyntaf yn yr olwyn oedd i lywio fy hynt, ac wedi gofalu amdanaf am fisoedd cyntaf fy mywyd. Mi benderfynais droi'n dditectif am y tro olaf a rhoi un cynnig arall ar gau'r bwlch hwnnw yn fy ngwybodaeth.

Gwyddwn bod Miss Cargill wedi marw ym mis Chwefror 1963, felly gelwais yn y Swyddfa Gofrestru yng Nghaeredin i chwilio am gopi o'i hewyllys a'i Thystysgrif Marwolaeth. Cefais afael ar y rheini'n ddigon didrafferth, ond doedd dim llawer o wybodaeth yn yr un o'r ddwy ddogfen. Yr unig obaith oedd y byddai modd dod o hyd i bwy bynnag oedd wedi derbyn ei chyfoeth, a chael gwybod tipyn am ei chefndir gan y person neu'r teulu hwnnw.

Gwelais yn yr ewyllys mai'r un oedd wedi etifeddu'r rhan helaethaf o'i harian a'i heiddo oedd rhyw Lieutenant Colonel Elton Gueritz oedd yn byw yn Winchester yn Hampshire, de Lloegr. Hwnnw felly, os oedd o'n dal ar dir y byw, fyddai'r person i helpu, ac mi benderfynias chwilio amdano. Fe ddylai'r cyfenw anghyffredin fod yn help, a'r cam cyntaf oedd ffonio 192 ac ymholi am unrhyw Gueritz yn ardal Winchester. Yr ateb oedd nad oedd yno neb o'r enw hwnnw. Roeddwn i'n digwydd adnabod dyn oedd yn gweithio ar yr ymholiadau teliffon ac mi esboniais y broblem wrtho. Addawodd yntau chwilio am unrhyw un efo'r enw Gueritz yn y trefi a'r ardaloedd o gwmpas Winchester. Fe ffoniodd yn ôl ymhen ychydig funudau, wedi dod o hyd i un enw, yn Salisbury. Yr enw llawn oedd Rear-Admiral Edward Findlay Gueritz CB, OBE, DSC and Bar. Roeddwn i'n teimlo fy hun yn mynd i ddyfroedd dyfnion rwan, yn dechrau ymhel â'r 'Admiralty'. Dim ond un admiral wyddwn i amdano cyn hynny, a Nelson oedd enw hwnnw.

Ond mi fentrais ffonio'r rhif oeddwn i wedi'i gael ac atebodd llais dynes, gwraig y Rear Admiral, a'i henw, er na wyddwn i mo hynny ar y pryd, oedd Pamela Amanda Bernardhina Gueritz. Ar ôl cyflwyno fy hunan esboniais wrthi beth oedd y rheswm am yr alwad. Roedd yn gwrtais iawn ac, yn fwy na hynny, roedd yn gwybod am Miss Mary Cargill ac am Aboyne. Doedd y 'Rear' ddim gartre ond dywedodd wrthyf am gysylltu rhywbryd eto er mwyn cael gair efo'r dyn ei hun. Gwnes hynny ymhen rhyw dridiau ac esboniais wrtho yntau beth oedd sail fy ymholiadau. Aeth mor bell â fy ngwahodd i'w gartref yn Salisbury am sgwrs, dim ond imi roi gwybod ymlaen llaw pryd y byddwn i yno.

Roeddwn i'n gweithio ar gyfres deledu yng Nghaerdydd yn y cyfnod hwnnw a sylweddolias bod gen i gyfnod rhydd. Felly cysylltais â 'Salisbury' a threfnu amser, sef dau o'r gloch y prynhawn ar y diwrnod penodedig. Cyn rhoi'r caniatâd pendant imi dros y ffôn aeth y 'Rear' ati i holi'n fanwl iawn am Aboyne, beth oedd enw'r tŷ, beth oedd enw canol Miss Cargill a phwy oedd ei chwiorydd, rhyw bethau bach felly na fuasai'n bosib i mi eu gwybod os nad oeddwn i'n ddiffuant. Eglurodd imi wedyn pam ei fod o'n holi. Oherwydd ei gefndir milwrol roedd yn rhaid iddo fod yn wyliadwrus ynglŷn â therfysgwyr a'r IRA, a doedd wiw iddo adael i neb fynd i'w dŷ heb wybod rhywfaint amdanyn nhw. Erbyn deall roedd o'n awdurdod ar faterion felly ac wedi cydolygu llyfr o'r enw *Ten Years of Terrorism*.

I ffwrdd â fi i Salisbury felly ar y diwrnod penodedig, gan anelu at gyrraedd 'The Close' yng nghysgod yr Eglwys Gadeiriol am ddau o'r gloch. Un benbleth ar fy meddwl wrth fynd yn y car oedd beth ddylwn i alw'r dyn. Roeddwn i'n teimlo y buasai 'Syr' yn fy ngwneud i'n un o'i longwrs. Roedd 'Rear Admiral' yn dipyn o lond ceg a buasai 'Rear' yn rhyw fath o gynnig mai dyn yn edrych ar ôl tîn y 'battleship' oedd o. Wrth gwrs roedd 'Mr' yn ei dynnu i lawr i'r un lefel â finnau. Felly penderfynais ei alw'n 'Admiral'. Mae'n siŵr gen i fy mod i wedi gwneud y dewis iawn, achos ddaru o mo fy nghywiro o gwbl pan ddywedais 'Good afternoon, Admiral' wrtho.

Gwnes yn siŵr fy mod yn cyrraedd yn brydlon erbyn dau o'r gloch ac mae'n rhaid ei fod yntau'n fy nisgwyl oherwydd bu bron i'r drws agor pan oeddwn ar fin canu'r gloch. Dyn tal, tua chwe throedfedd a dwy fodfedd oedd o, ac yn syth fel styllen. Gwahoddodd fi i fynd trwodd i'r lolfa, anferth o stafell yn wynebu lawnt yr un mor fawr efo coed wedi eu trimio ar siâp adar ar hyd y lle. Eisteddais i lawr a safodd yntau o'm blaen â'i goesau ar led fel tasa fo ar fwrdd llong, yn union fel y byddai Davies y Sgŵl yn dweud yn Ysgol Cricieth ers talwm. Cyn i mi ddweud gair dyma fo'n dechrau gofyn o ble'r oeddwn i wedi dod ac yn holi am yr Alban. Roeddwn i'n teimlo rywbeth yn debyg i Humphrey Bogart yn y 'Caine Mutiny'. Daeth â'r holi i ben yn sydyn a gofyn a hoffwn i goffi. Ymddiheurodd ar yr un pryd na allai'r wraig ymuno â ni am ei bod yn paratoi ei hunan i fynd i siopa. Fedra i ddim deall yn iawn pam y dywedodd o hynny. Aeth allan o'r stafell a dod yn ôl cyn pen dim efo'r coffi. Doedd yno na bisgeden na dim, dim ond coffi moel. Fe drodd allan yn hen foi digon clên, ond sylweddolais yn fuan iawn nad oedd ganddo ddim byd i'w gyfrannu i hanes Miss Cargill, na fawr iawn o ddiddordeb ynddi chwaith. Cadarnhaodd mai ei dad oedd y Lieutenant Colonel oedd wedi etifeddu'i chyfoeth ond ddywedodd o ddim mwy na hynny amdani, a doedd gen innau mo'r wyneb i ofyn i ble'r oedd y £1.3 miliwn wedi mynd.

Ar ganol ein sgwrs daeth rhyw sŵn tua'r drws, ac aeth yntau yno i weld beth oedd yn digwydd. Ei wraig oedd yno a sylweddolais fod rhyw amryfusedd wedi bod ynglŷn â'r siopio, a hithau eisiau arian ganddo i brynu'r nwyddau. Yn sgîl hynny daeth Pamela Amanda

Bernhadina i mewn i'r stafell a dechrau sgwrsio efo mi. Gan fy mod wedi dweud wrthi 'mod i'n dod o ogledd Cymru mi drodd y sgwrs at ganu. Mae'n siŵr gen i fod y Saeson o ddosbarth morwrol uchel-ael yn meddwl ein bod ni'r Cymry i gyd yn canu a chadw defaid. Llithrodd y sgwrs ymlaen i fyd teledu a dywedodd hithau bod yr Admiral wedi bod ar y bocs yn datgan ei farn broffes-iynol yn ystod Rhyfel y Falklands. Roedd o hefyd, medda hi, wedi bod yn gynghorydd arbenigol i Bwyllgor Dethol Tŷ'r Cyffredin ar Amddiffyn, ac yn brif stiward anrhydeddus Westminster Abbey. Roedd hi'n 'full sails' pan aeth yn fater o sôn am rinweddau'r Admiral.

Wedyn mi ddechreuodd sôn amdani ei hun. Roedd hi wedi bod yn gantores opera yn ei dydd. Dyna pam yr oedd hi wedi mynd i sôn am gerddoriaeth. Fel cyfraniad i'r sgwrs mi ddywedais wrthi bod ganddon ninnau ganwr opera addawol iawn yn ein hardal ni, o'r enw Bryn Terfel. Os oedd yr awyrgylch yn ffurfiol a braidd yn oeraidd cyn hynny, mi newidiodd popeth wedi imi enwi'r gwron o Bantglas. 'What!' gwaeddodd Mrs Gueritz, 'you know Bryn Terfel?' 'Yes,' meddwn innau. Wnes i ddim mynd i fanylu a dweud wrthi fy mod i hefyd yn adnabod ei hen daid, fyddai'n arfer codi canu yng Nghapel Brynengan. Mi fuasai hynny wedi cymhlethu pethau'n o arw! 'Bryn Terfel!' meddai hi wedyn. 'He is the finest baritone that this country has ever produced!'

Fu neb yn fwy parod i fy helpu ar ôl hynny na'r Rear a'i wraig. Cyrhaeddodd brechdanau, cacen a phaned neu ddwy arall o goffi, a chefais wahoddiad i alw heibio wedyn unrhyw adeg y byddwn yn Salisbury. Yn anffodus doeddwn i ddim tamaid callach cyn belled ag oedd gwybod mwy am Miss Cargill yn y cwestiwn. Yn hynny o beth roedd hi wedi bod yn siwrnai hollol seithug. Ond roedd yn siwrnai werth ei gwneud er mwyn cael cipolwg ar sut y mae Rear Admiral a'i wraig yn byw.

Erbyn imi adael roedd y Rear a finnau wedi dod yn dipyn o fêts. Wrth ffarwelio dyma fo'n gweiddi oddi ar stepen ei 'grace and favour home' ac yn pwyntio i lawr y stryd. 'Third house down as you go,' medda fo, 'that's where Ted Heath lives.' Roeddwn i'n gwrando am sŵn organ wrth basio tŷ'r cyn-Brif Weinidog ond chlywais i ddim siw na miw.

Ar ôl mynd adref chwiliais yn *Who's Who* a gweld bod yr hen foi wedi bod yn 'Commander of the Far East Fleet' ac yn 'Director of Defence Plans (Navy)' ymysg llu o bethau eraill. Dyna'r unig Admiral i mi ei weld erioed, ac roedd o'n hen foi clên. Tasa fo wedi cynnig rỳm imi yn lle coffi mi fyddai wedi bod fwy byth yn y llyfra.

Charles

Mi soniais o'r blaen mai yn Neuadd y Penrhyn ym Mangor y cyfarfyddais i â Charles Williams y tro cyntaf, a hynny pan oeddwn i'n gwneud fy nrama gyntaf erioed ar y radio. Hyd yn oed ynghanol y criw hwnnw, llawer ohonyn nhw'n enwogion yn fy ngolwg i, roedd Charles yn hollol wahanol i'r lleill i gyd. Roeddwn i'n cael y teimlad ei fod o wedi cyrraedd yno yn syth oddi ar ffarm. Ac mae'n ddigon posib ei fod o, roedd o wedi cychwyn ei yrfa fel gwas ffarm ac mi fyddai'n dal i helpu llawer ar ffarm y Frogwy. Peth arall ynglŷn â fo oedd bod pawb yn heidio o'i gwmpas o trwy'r adeg ac roedd yntau'n cadw pawb i fynd efo'i straeon.

O'r holl actorion y bûm i'n gysylltiedig â nhw trwy'r blynyddoedd y digrifa ohonyn nhw o ran ei natur gynhenid oedd Charles Williams. Roedd o wrth ei fodd yn cael pobol i chwerthin, ac yn chwerthin ei hun efo nhw. Mi fydda rhywun yn mynd i mewn i rihyrsal ar y diwrnod cynta. 'Gwranda, glywaist ti hon?' medda fo. 'Ro'n i'n mynd am dro diwrnod o'r blaen ac mi gerddais rownd y gongol a phwy oedd yno ond hen ffrind imi oedd yn gweithio ar y ffordd. Roedd o wrthi reit ddygyn a dyma fi ato fo heb iddo fo sylweddoli 'mod i yno. "Hei, be dach chi'n neud?" medda fi. "Arglwydd mawr, Charles," medda fo. "Rydach chi wedi fy nal i'n gweithio!"' Mi fyddai wrth ei fodd efo rhyw straeon felly.

Mi fûm i'n gweithio llawer iawn yn ei gwmni, yn cydletya efo fo yn nhŷ Emrys Cleaver yng Nghaerdydd ac yn mynd allan i fwyta gyda'r nos a phethau felly. Ond y cyfnod y dois i i'w 'nabod o orau oedd pan fuon ni'n dau yn aros mewn carafán yn Llysfaen.

Gweithio'r oedden ni ar gyfres deledu o'r enw 'Tresarn', oedd yn cael ei lleoli ar safle adeiladu. Mi wnaed tair cyfres deuddeg pennod i gyd. George P. Owen oedd yn cyfarwyddo ac mi fyddai George bob amser wrth ei fodd yn cael Charles yn y cast achos ei fod o'n creu cymaint o hwyl. George gafodd le i'r ddau ohonon ni mewn carafán ar dir rhyw ffarmwr oedd o'n ei 'nabod. Roedd hi'n garafán hir, tua 24 troedfedd, efo digonedd o le inni'n dau. Yn y fan honno, wrth fyw dan yr unto, y dois i i 'nabod Charles yn iawn. Roedd o fel rhyw frenin ar ei aelwyd, eisiau gwneud bwyd i ni a golchi llestri a sgwrsio, yn union fel tasen ni yn ei gartre yn Sir Fôn. Ei dŷ fo oedd y garafán, nid fy nhŷ i.

Mi fydden ni'n cael fisitors yn aml – pobol fel John Pierce Jones a Mici Plwm – ac mi fyddai Charles wrth ei fodd yn eu diddanu nhw i gyd.

Roedd o'n ddyn hawdd iawn byw efo fo, yn llawn o ryw ddywediadau smala oedd yn wreiddiol ganddo fo. Roedd o'n sylwi ar ryw bethau bach na fuasai pobol eraill ddim yn eu gweld. Dwi'n ei gofio fo'n dod yn ôl i'r garafán un nos Sul. 'Wyddost ti pwy welais i?' medda fo. 'Roeddwn i wedi mynd i Woolworth ym Mangor pnawn dydd Sadwrn ac yn edrych ar draws y stryd a phwy welwn i'n dwad ond rhyw hen fachgian. Roedd 'na olwg digon truenus arno fo, wrth ei ddwy ffon, yn methu rhoi un droed heibio'r llall. Doedd o ddim ffit i fod allan. Dyma fi ato fo a gofyn, "Be dach chi'n wneud yn fan'ma?" "Duw, Charlie!" medda fo. "Sut wyt ti? Diod a merched ydi 'mhetha fi rwan!"'

Roeddwn i'n teimlo 'mod i'n dod i 'nabod pobol Bodffordd i gyd achos bod gan Charles gymaint o straeon amdanyn nhw. Ond ar ôl dweud hyn'na i gyd, roedd o'n llawer mwy na storïwr. Mi fyddai wrth ei fodd yn cael gwneud bwyd i rywun; mi fyddai'n mynnu cael golchi'r llestri ac roedd yn daclus ac yn dwt efo pob dim.

Os bydden ni yno i fwrw'r Sul, ac weithiau ar ddyddiau eraill hefyd, mi symudai'r cwbl o rialtwch i sobreiddiwch. Mi fyddai'n hoff iawn o sôn am bregeth-wrs a chapel gan fod capel yn agos iawn at ei galon. Mi fu'n pregethu rhywfaint ac roedd rhywun yn cael yr argraff y byddai wedi bod yn hapus yn gwneud hynny bob Sul. Roedd yna ochr ddwys iawn iddo ond er mor garedig oedd o roedd 'na dipyn o ewin ynddo fo hefyd. Wnâi o ddim rhoi i mewn ar bethau yn rhwydd. Os bydda fo eisiau'i ffordd ei hun mi fyddai'n mynnu ei chael.

Peth arall oeddwn i'n sylwi arno oedd ei drylwyredd o ym mhob dim. Mi fyddai'n dweud, 'Dwi isio mynd i gynnal noson lawen i'r lle a'r lle. Mae'n rhaid imi baratoi amdani.' Mi fyddai'n paratoi yn drwyadl, yn sgwennu nodiadau manwl ar gefn hen sgriptiau a byddai wedi gweithio'r noson lawen allan yn union yn ei ben cyn mynd yno. Roedd o'n meddwl ar ei draed hefyd wrth gwrs, ac yn smart iawn yn ei atebion, ac mi fyddai ganddo rywbeth i ddisgyn yn ôl arno trwy'r adeg, er na fuasai'r gynulleidfa byth yn ymwybodol o'r paratoi. Roedd o'n ddyn â chanddo barch aruthrol at ei gynulleidfa.

Roedd o'r un mor drylwyr efo'i sgriptiau. Yn y gyfres honno pan oedden ni yn y garafán byddai Charles yn gweithio'n ddiwyd ar ei sgript. Fyddwn i ddim, a bod yn onest. Oed oedd y gwahaniaeth o bosib. Roedd 'na ryw ddifaterwch yn perthyn i mi nad oedd o ddim yn Charles. Bron na fydda fo wedi dysgu'r bennod nesa pan oedden ni'n dal i weithio ar hon.

Er mor ddoniol oedd o roedd o hefyd yn medru portreadu ambell gymeriad digon trist neu ddwys. Un enghraifft o hynny oedd ei berfformiad gwych fel Mr Lolipop. Pobol ddwys iawn ydi comedïwyr yn y gwraidd.

Roedd Charles wedi gweld bod ganddo fo'r ddawn yma i wneud i bobol chwerthin ac roedd hynny fel cyffur iddo. Ac roedd o'n chwerthin efo nhw ac yn mwynhau'r jôcs gymaint â neb.

Dwi'n ein cofio ni'n gwneud 'Ewyllys Dda' yn rhyw ffarm yn Senghennydd ac roedd 'na un olygfa lle'r oedd Charles yn ei drôns yn mynd i'w wely. Roedd o wedi tynnu'i ddannedd, ac roedd rhyw synau amheus yn dod o gyffiniau'r trôns. Doedd dim posib i'r gweddill ohonon ni fynd ymlaen efo'n llinellau. Mi fyddai Charles wrth ei fodd pan fyddai hynny'n digwydd, ac yn medru cadw wyneb digon difrifol ei hun. Ond, roedd o'n bell o fod yn wamal ynglŷn â'i waith ac yn cymryd balchder mawr ym mhopeth oedd o'n ei wneud. Os oedd o'n perfformio'n gyhoeddus roedd o'n rhoi'r un faint o ymroddiad i bethau pwysig ag i bethau a allai edrych yn ddibwys. Roedd o'n eu trin nhw i gyd yr un fath.

Un noson pan oedden ni yn y garafán roedd hi'n felltigedig o oer yng nghanol gaeaf, yn rhewi'n gorn a barrug yn dod i lawr o'r to. Tua hanner awr wedi pump yn y bore dyma fi'n clywed sŵn Charles yn codi. 'Lle'r wyt ti'n mynd yr adeg yma o'r bore?' medda fi. 'Natur yn galw... rhaid mynd!' medda fo. A wff! Roedd o o'r golwg. Wedi llithro ar step y garafán a disgyn ar ei fraich. Fanno roedd o'n griddfan. 'Tyrd i fewn,' medda fi. Mi rois i ryw hen dân bach ymlaen a berwi tegell i wneud paned. 'Ei di ddim i dy waith heddiw,' medda fi, 'rwyt ti wedi torri dy fraich.' Doedd o ddim yn fodlon cydnabod y fath beth ac yn benderfynol o fynd i'w waith. Ond beth wnes i ar fy ffordd i ffilmio ond mynd â fo i'r adran ddamweiniau yn yr ysbyty. Fi oedd yn iawn. Roedd y fraich wedi torri a rhoddwyd hi mewn plaster. Ymlaen i'w waith yr aeth o a chollodd o ddim diwrnod ar gorn y peth. Mi newidiwyd y sgript i ddweud ei fod o wedi torri'i fraich wrth gymysgu concrit. Roedd o'n medru bod yn un caled a phenderfynol iawn.

Ar ôl dyddiau'r garafán roedden ni fwy neu lai wedi colli cysylltiad. Flynyddoedd wedyn, a Charles erbyn hyn wedi colli'i wraig ac wedi ailbriodi, mi glywais ei fod o'n wael. Byddwn yn picio i Fodffordd i edrych amdano fo, a chael croeso mawr ar yr aelwyd bob amser. Un tro pan oeddwn i yno roedd hi'n amlwg nad oedd pethau ddim yn dda, roedd y canser wedi cael gafael arno fo. Roedd yna ryw drafferth yn y llofft ac mi sylweddolais fod rhyw rai eraill yno efo fo. Dyma fi'n dweud 'mod i am fynd adre. 'Na, peidiwch â mynd,' medda'i wraig. 'Mi â'n nhw o 'ma rwan ac mi gewch chi siarad efo fo.' Daeth Charles i lawr o'r llofft wedi gwisgo amdano yn ei siwt ac eistedd gyferbyn â fi. Un peth am Charles, ble bynnag y byddai rhywun yn ei gael o, ar ei aelwyd, mewn rihyrsal, yn unrhyw le, Charles fyddai'n cymryd drosodd. Fo fyddai'n dweud y straeon ac yn arwain y sgwrs o un peth i'r llall. Gwrando ar Charles y byddai rhywun yn hytrach na chyfrannu. Ond y diwrnod hwnnw fi oedd yn cyfrannu a Charles oedd yn gwrando ac roeddwn i'n sylweddoli, 'Wel dyma hi'.

'Diolch iti am alw,' medda fo. 'Brysia yma eto.' Dyna'i eiriau olaf wrtha i. Wythnos arall ac roedd o wedi mynd.

Llond Lori o Goncrit

Canodd y ffôn un diwrnod yn 1982 a phwy oedd yno ond Wilbert Lloyd Roberts, cyfarwyddwr Theatr Gwynedd ym Mangor ar y pryd. Gofynnodd i mi oeddwn i ar gael i gymryd rhan mewn drama, gan ddweud pryd yr oedden nhw'n bwriadu'i gwneud hi a hyn a'r llall. 'Pa ddrama sydd ganddoch chi mewn golwg?' medda fi. 'Drama gan John R. Evans, Llanilar,' medda Wilbert. '"Brawd am Byth" ydi'i henw hi ac mi enillodd Dlws y Ddrama yn Eisteddfod Genedlaethol Machynlleth y llynedd.'

Roedd y ddrama wedi'i seilio ar hanes y merthyr John Penry yn y carchar, a'r traddodiad hanesyddol ei fod o wedi llwyddo i droi ceidwad y carchar tuag at Dduw. Fi oedd i fod i chwarae rhan John Penry.

Fel rheol fyddai rhywun ddim yn cael copi o ddrama ymlaen llaw gan Wilbert, dim ond cyrraedd y rihyrsal cynta, cael sgript o'i flaen, a dyna ni. Ond yn yr achos yma, drwy drugaredd nef, roedd y ddrama wedi cael ei chyhoeddi oherwydd bod John Gwilym Jones wedi rhoi'r wobr gynta iddi yn y steddfod.

'Mi ddo i yn ôl atoch chi,' meddwn i wrth Wilbert. Mi ddarllenais y ddrama ac, ar ôl ei gorffen, roeddwn i'n teimlo na fedrwn i wneud cyfiawnder â hi. Er bod y syniad yn un da roedd 'na ormod o bregethu ynddi. Roedd gen i sawl monolog diddiwedd i'w ddweud. Hwyrach y byddai modd ei hailwampio hi i wneud drama iawn ond, yn ei ffurf wreiddiol, doedd hi ddim yn fy lein i o gwbl.

Dywedais hyn wrth Wilbert ond roedd o'n dal yn daer isio i mi wneud y ddrama a dyma fo'n dweud mai David Lyn, nid Wilbert ei hun, fyddai'n ei chyfarwyddo. Es i gysylltiad wedyn â David Lyn. Doedd yntau ddim wedi darllen y ddrama ar y pryd ond mi awgrymais iddo y dylai wneud hynny. Ar ôl ei darllen roedd o'n cytuno efo mi bod angen ailsgwennu'r ddrama. Dywedais innau y buaswn i'n ailystyried cymryd rhan pe bawn i'n cael gweld y ddrama wedi'i hailwampio, a didol tipyn.

Ddaeth neb yn ôl ata i, a fu dim ailsgwennu. Wedyn cefais wybod bod David Lyn wedi tynnu'n ôl o fod yn gyfarwyddwr, a dyna ddiwedd ar yr holl beth cyn belled ag yr oeddwn i yn y cwestiwn. Wedyn fe ddaeth Nesta Harries ar y ffôn yn gofyn oeddwn i'n barod i ddechrau rihyrsio. 'Rihyrsio beth?' gofynnais. 'Drama J. R Evans,' meddai hi. 'Dydw i ddim yn ei gwneud hi,' meddwn i. 'Wyt,' meddai Nesta, 'rwyt ti wedi cael dy gastio gan Wilbert.' 'Wnes i erioed gytuno i'w gwneud hi,' medda fi, 'Ydi hi wedi cael ei hailsgwennu?' 'Nac ydi,' meddai Nesta. 'Yr un wreiddiol ydi hi, fel sydd wedi cael ei chyhoeddi.'

Y peth nesaf oedd i Wilbert ddod ar y ffôn, ac wedyn Chris Ryde, swyddog undeb Equity yng Nghymru, y ddau ohonyn nhw'n dweud 'mod i wedi addo gwneud y ddrama ac yn torri fy ngair. Mi aeth petha dipyn bach yn boeth rhwng Chris a finnau – fedra fo ddim darllen y ddrama yn Gymraeg a doeddwn i ddim yn gweld pam y dylai o gael dweud wrtha i beth oeddwn i i gymryd rhan ynddo. Roedden nhw'n bygwth fy 'mlacio' fi o'r undeb ond roeddwn i'n gwybod mai fi oedd yn iawn. Doeddwn i erioed wedi arwyddo unrhyw gytundeb a dyna, meddyliwn, oedd diwedd y mater.

Ond yn ystod y stŵr mae'n amlwg bod Arfon Gwilym, oedd yn ohebydd i'r *Cymro* ar y pryd, wedi cael si bod rhywbeth ar dro efo'r ddrama a daeth ar y ffôn a gofyn beth oedd yn digwydd. Dyma finna'n dweud 'mod i wedi cael cynnig y rhan ac wedi penderfynu, ar ôl darllen y ddrama, nad oeddwn i ddim yn gymwys i wneud y peth. Esboniais nad oedd gen i ddim byd yn erbyn y Cwmni Theatr nac awdur y ddrama. Dywedais 'mod i'n meddwl bod y syniad wrth wraidd y ddrama'n un gwych, ond nad oeddwn i'n teimlo bod hwnnw wedi cael ei drosglwydd-o'n llwyddiannus i'r ddeialog.

Wedyn aeth Arfon a finnau i sgwrsio am wahanol bethau, sôn am ei frawd yr actor Dyfan Roberts, ac ati. A chyn diwedd y sgwrs dyma fi'n dweud wrtho fo, 'Wyddost ti'r ddrama 'na? Dydi hi ddim gwerth rwdlan efo hi. Fasa waeth gin i osod llond lori o goncrit mwy na chyboli efo hi!' Roeddwn i wedi cymryd yn fy niniweid-rwydd bod y cyfweliad swyddogol ar ben ac mai sgwrs anffurfiol rhwng dau ffrind oedd hon!

Daeth y *Cymro* allan ar Ebrill 6, 1982 ac roedd y stori'n llenwi'r dudalen flaen. Y pennawd bras oedd DIM GWERTH RWDLAN EFO HI – ACTOR. Roedd y cyfeiriad gwamal at y llond lori o goncrit yn cael ei ddyfynnu air am air.

Y diwrnod y cyhoeddwyd *Y Cymro* dyma'n ffôn ni'n canu yng Nghricieth a Jean yn ateb. 'Mae 'na ryw J. R. Evans ar y ffôn isio siarad efo chdi,' medda hi. Roeddwn i wedi styrbio braidd. Heb imi gael amser i feddwl beth i'w ddweud roedd yna beryg imi wneud sefyllfa ddrwg yn waeth. 'Dydw i ddim adra,' medda fi. Wyddwn i ddim oedd o eisio trafod y ddrama ynteu eisio ymddiheuriad ynteu beth, ond dyna ddwedais i.

Y peth nesa glywais i, o fewn dyddiau wedyn, oedd bod J. R. Evans Llanilar wedi marw. Roeddwn i'n teimlo'n ofnadwy ynglŷn â'r peth. Nid fi oedd wedi dewis y pennawd yn *Y Cymro*, ac mae'n siŵr mai hwnnw oedd wedi'i frifo fo. Roeddwn i wedi'i dynnu fo i lawr yn isel, a does dim dwywaith ei fod o wedi sgwennu rhai pethau da iawn. Mi deimlais yn euog ond roedd hi'n rhy hwyr i wneud dim ynglŷn â'r peth. Chefais i erioed gyfle i ymddiheuro iddo fo ond rydw i wedi bod yn llawer mwy gofalus ers hynny wrth siarad efo pobol papurau newydd.

Dramâu i'w Cofio

Mewn cyfnod o bron i ddeugain mlynedd yn ennill ei damaid wrth actio, mae rhywun wedi ymhel ag ugeiniau o weithiau gwahanol awduron. Yn naturiol mae gan bawb ei ffefrynnau o ran dramâu, boed y rheini ar lwyfan, radio neu deledu.

Soniais yn barod am y pleser gefais i yn perfformio gwaith Saunders Lewis. Pe bai raid i mi ddewis o blith ei ddramâu, dwi'n credu mai rhan Mordecai yn 'Esther' roddodd y boddhad mwyaf i mi.

Hoffais yn fawr hefyd wneud 'Llyffantod', drama lwyfan gan Huw Lloyd Edwards. Cefais y pleser o gydweithio efo myfyrwyr o'r Coleg Normal ym Mangor pan oedden ni'n ei pherfformio hi yn Eisteddfod Genedlaethol Rhuthun yn 1973.

Awdur yr wyf yn ei edmygu'n fawr ydi Michael Povey. Rwyf wedi cael boddhad mawr o'i weld yn datblygu mor llwyddiannus ar gyfer llwyfan a theledu. I mi mae dwy o'i ddramâu yn dal i sefyll ar eu pennau eu hunain, sef 'Nel' a 'Sul y Blodau'.

Drama lwyfan o waith Michael oedd 'Y Cadfridog', a ddaeth yn ail yn Eisteddfod Genedlaethol Cricieth dan feirniadaeth y Dr John Gwilym Jones. Bu Ian Saynor a minnau'n ei pherfformio o dan fantell Theatr yr Ymylon ar hyd a lled Cymru, efo Meredydd Edwards yn cyfarwyddo, a chafodd dderbyniad gwresog ym mhobman.

Mae yna ochor gomedi i Michael hefyd ac, ar y cyd efo John Pierce Jones, mi sgwennodd gyfres deledu am blismyn, 'Glas y Dorlan'. I mi roedd y rheini'n sgriptiau digri a meddylgar dros ben, ond mi achoswyd tipyn o stŵr ar y pryd am fod rhai pobol yn cwyno bod gormod o gyfeiriadau amheus, neu 'innuendos' ynddyn nhw. Ond pethau diniwed iawn fuasai'r rheini i gynulleidfaoedd heddiw. Dwi'n cofio un bennod lle gwnaed stŵr mawr gan ryw ddynes o Borthmadog, oedd naill ai'n ordduwiol neu'n mwynhau'r sylw oedd hi'n ei gael gan y papurau. Enghraifft fach oedd rhywbeth a ddywedodd fy 'ngwraig' yn y ddrama (Maureen Rhys os cofiaf yn iawn), wrth sôn am y *Police Ball*. Y cwbl ddywedodd hi oedd fod 'balls' neis gan y polîs. Fuasech chi ddim yn cael cymaint o gynnwrf heddiw tasa rhywun wedi *dangos* y cyfryw fôls.

Roedd yna gyfnod yn y saithdegau pan oedd rhaid mynd i Pebble Mill yn Birmingham i recordio dramâu Cymraeg ar gyfer y BBC. Yn y fan honno y gwnaethon ni gyfres gyntaf 'Glas y Dorlan', a hynny o flaen cynulleidfa o Gymry Cymraeg Birmingham. Roedd ganddon ni 'exhibits' – y pethau sy'n cael eu dangos fel tystiolaeth mewn achos llys – yn cael eu cadw mewn cell oedd yn rhan o'r set. Fy nyletswydd i oedd dangos y rheini i'r Inspector (Islwyn Morris) a'r Cwnstabl (Geraint Jarman). Achos oedd o yn ymwneud â rhywun oedd wedi bod yn dwyn ieir, a dwy iâr oedd y dystiolaeth. Yn ystod y rihyrsal doedd yr ieir ddim yno ond roedden nhw wedi cael eu rhoi yn eu lle erbyn iddi ddod yn amser recordio.

Y syniad oedd fy mod i, fel y Sarjant, i fod i ddangos y

rhain wrth agor drws y gell lle'r oedden nhw'n cael eu cadw, ac yn dweud, 'Dyma ni, Exhibit A ac Exhibit B'. Ond pan agorodd y drws roedd yno chwech o ieir. Rhywun wedi gwneud camgymeriad mae'n siŵr. Aeth yr ieir yn wallgo, a finnau'n gweiddi, 'Exhibit A, B, C, D, E ac F, Syr!' Dihangodd yr ieir trwy'r drws a sgrialu ar hyd y stiwdio, a'r gynulleidfa'n glanna chwerthin. Roedden nhw'n chwerthin mwy byth pan ddechreuodd aelod o'r tîm cynhyrchu, William Jones, neu Wil Sir Fôn, ddamio'r ieir i'r cymylau wrth geisio'u cael nhw i drefn. Chlywodd Cymru Birmingham erioed y fath iaith! Daeth William Jones, ymhen blynyddoedd, yn awdur y ffilm ardderchog 'Penyberth' ac yn olygydd sgriptiau i 'Pobol y Cwm'.

Mae'n well gen i'r digri na'r dwys mewn drama neu ffilm ac os bydd y tîm yn cael digon o hwyl wrth rihyrsio, yn gymysg â difrifoldeb, mae hynny'n creu rhyw fath o wead sy'n dod â ffresni i'r cyfanwaith.

Mae amryw o ddramâu byr a hir eraill yn dod i'r cof. Roedd yn bleser gweithio ar 'Nid ar Redeg', gafodd ei sgwennu a'i chyfarwyddo gan Emlyn Williams, Llanbedrog. A dyna'r ddrama fer ardderchog 'Dau Frawd', Wil Sam, yr un gyntaf i Alun Ffred ei chyfarwyddo ar deledu. Roedd Gari Williams a finnau yn chwarae rhannau'r ddau frawd ecsentrig o ben draw Llŷn, Mei Jones yn rhan y gweinidog a Valmai Jones fel y gymdoges barablus. Doedd Gruffydd a Watcyn Jones ddim yn siarad efo'i gilydd er eu bod nhw'n byw yn yr un tŷ ac mai nhw oedd yr unig ddau oedd yn mynd i'r capel bach led cae i ffwrdd. Fydda i ddim yn rhoi gormod o sylw i'r beirniaid teledu, ond mi ges dipyn o foddhad wrth ddarllen adolygiad y diweddar I. B. Griffith yn yr *Herald*, a ddisgrifiodd y rhaglen honno fel hanner awr o 'berffaith foddhad': 'Efallai na fydd Cymru yn gwybod ymhen can mlynedd pwy oedd Wil Sam na Stewart Jones, ond mi fyddant yn gwybod i drwch y blewyn ac i guriad calon sut rai oedd Gruffydd a Watcyn Jones,' meddai. Dyna i chi rai o'r dramâu sy'n aros yn fy meddwl innau fel rhai bythol-wyrdd.

Ar ôl dweud hynny mae'n rhaid i mi sôn am un ddrama lwyfan a fu'n dipyn o dreth arnaf er nad oedd gen i fawr o ddim byd i'w ddweud ynddi. Sôn yr ydw i am 'Jeli Bebis', drama gan Miriam Llywelyn. Theatr Cymru oedd yn gyfrifol am ei llwyfannu dan gyfar-wyddyd Graham Laker. Drama oedd hi am aelod o deulu, sef y tad, wedi cael strôc, ac am effaith hynny ar y teulu o'i gwmpas. Fi oedd yn chwarae rhan y tad, oedd yn methu siarad ac mewn cadair olwyn drwy'r adeg. Y 'teulu' oedd Valmai Jones, Maldwyn John, Gwen Ellis a Robin Eiddior. Treth ofnadwy oedd eistedd am awr a hanner yn hollol lonydd, yn rhoi ebwch bob hyn a hyn. Yr ofn mwyaf ar lwyfan fel arfer ydi anghofio'r geiriau. Fy mhryder i y tro yma oedd y buasai'r ebychiadau'n rhoi digrifwch i'r ddrama, fyddai wedi bod yn hollol allan o'i le. Roeddwn i ofn troi poendod yr anffodusion sy'n dioddef o salwch fel hyn yn wamalrwydd. Trwy drugaredd ddigwyddodd hynny ddim ac, am unwaith, roeddwn i'n falch o fedru mynd trwy ddrama gyfan heb wneud i neb chwerthin.

Olwyn Fawr Rhagluniaeth

Mae'n siŵr bod y rhan fwyaf o bobol wrth ddechrau mynd i oed yn edrych yn ôl ac yn meddwl am yr holl bethau a allasai fod wedi bod yn wahanol yn eu bywydau nhw oni bai am ambell benderfyniad neu gydddigwyddiad neu hap a damwain. Yn fy achos i mae yna fwy nag arfer o le i ddyfalu am y pethau hynny, am y gwahaniaeth rhwng y bywyd a gefais a'r un y gallwn fod wedi ei gael oni bai am droeon y peth rhyfedd hwnnw y byddai Cennin yn ei alw'n Olwyn Fawr Rhagluniaeth. Pe taswn i ddim yn y fan yma ond wedi aros yn yr Alban sut fywyd fyddwn i wedi'i gael wedyn?

O ran moethau'r byd does dim dwywaith na fyddai fy amgylchiadau wedi bod er gwell, ar y dechrau o leiaf. Pe baech chi'n cymharu tiroedd breision Perth ac Aberdeen, cynefin fy rhieni gwaed, efo llymder Mynydd Cennin ble cefais fy magu, 'no contest' fyddai hi mae arna i ofn. Ond mi ddaeth pethau'n well arna innau yn yr ystyr faterol wrth i fywyd fynd yn ei flaen.

Yn bwysicach na hynny, bro ac iaith a dylanwad pobol sy'n gwneud rhywun yr hyn ydi o. 'Wrth eu ffrwythau yr adnabyddwch hwynt,' meddai'r Beibl, ac wrth ffrwythau'r bobol o'i gwmpas y mae cymeriad rhywun yn cael ei lunio. Doedd y cyfnod ifanc o droi a throsi ymhlith hen bobol yn gwneud dim niwed i mi. Yn y fan honno yn rhywle, er nad oeddwn i'n meddwl dim o'r fath ar y pryd,

183

y gosodwyd y sylfaen ar gyfer yr adrodd a'r actio, yr holl bethau hynny ddaeth â chymaint o bleser i fy mywyd yn nes ymlaen.

Unwaith eto, pan oeddwn i'n dechrau dod i mewn i'r byd hwnnw, y bobol ddifyr a diwylliedig yr oedd rhywun yn dod i ymhel â nhw oedd yn cyfoethogi bywyd: Merêd, Rhydderch, Jack Williams, Evelyn Williams, George Owen, Siôn Humphreys, Alun Ffred a llu o actorion na waeth imi heb â dechrau eu henwi. Roedd gan bob un ohonyn nhw rywbeth o sylwedd i'w gyfrannu ar hyd y ffordd, rhywbeth i afael ynddo a thynnu ohono fo. Roedd pobol fel Aneirin Talfan Davies yn y BBC yn help mawr ar ddechrau'r yrfa, yn rhoi cyfle i rywun wneud pethau oedd yn edrych ar y pryd ymhell y tu hwnt i'w allu ond o dipyn i beth roedd rhywun yn dod i gael rhywfaint o siâp arnyn nhw.

Cyn hynny roedd y cyfnod o grwydro llwyfannau eisteddfod wedi bod yr un mor werthfawr. Roedd y beirniaid yn bobol mor ddysgedig a diwylliedig, ac roedd cyfle i ddod i adnabod pobol fel John Gwilym Jones, Rhydwen, Tilsli, Gwyn Erfyl, Cynan, Cassie Davies a nifer fawr o rai eraill. Roedd troi ymhlith y cystadleuwyr hefyd yn brofiad; hwyrach nad oedd rhai ohonyn nhw'n adroddwyr da ond doedd hynny ddim gwahaniaeth. Roedden nhw'n ddiffuant, ac fel y dywedodd Kate Roberts yn rhywle, nid beth fedr rhywun ei wneud sy'n bwysig ond cael y cyfle i ddangos yr hyn mae'n medru'i wneud.

Mae bywyd actorion yn wahanol i fywydau pobol eraill: does ganddyn nhw ddim yfory. Mae yna ryw fylchau yn eu gwaith nhw bob hyn a hyn ac mae hynny,

yn fy meddwl i, yn beth da. Fyddai hi'n gwneud dim lles
i actorion fod yn gweithio'n ddi-dor fel pobol mewn
ffatri neu'n athrawon ysgol, yn gwybod bod cyflog i ddod
i mewn ar ddiwedd pob mis nes byddan nhw'n cael eu
pensiwn. Mae angen y toriad 'ma. Achos mae hwnnw'n
cythruddo dyn ac yn gwneud iddo feddwl o ble mae'r
peth nesa am ddod. Mae hynny'n aeddfedu rhywun ac yn
gwneud yn siŵr na fydd o ddim yn mynd yn rhy fawr,
gan fod yn rhaid iddo ddisgwyl am job o rywle. Dyna
hefyd ydi gwendid y swydd. Mae rhywun yn dibynnu ar
bobol eraill trwy'r adeg, ac ar drugaredd mympwyon
rhyw gynhyrchydd neu gyfarwyddwr. Mae'r actor yn
colli'r hawl i reoli ei fywyd ei hun.

Gwendid arall ydi bod rhywun yn teimlo'n aml nad
ydio ddim yn cael ei gyfarwyddo yn iawn. Mae llawer o
bobol ar yr ochr honno yn ansicr o'u safle. Maen nhw'n
fwy sicr o agweddau technegol y gwaith nag o'r
agweddau diwylliannol, sef y dehongli a'r dweud. Peth
arall sy'n fy nghythruddo fi, ac wedi gwneud trwy'r
blynyddoedd, ydi'r diffyg parch at iaith a goslef ac
amseriad. Heddiw, wrth i'r amser ar gyfer rihyrsio fynd
yn llai, mae'r sefyllfa honno'n gwaethygu yn hytrach na
gwella.

Yn y cyfnod cynnar, hyd yn oed efo dramâu radio mi
fyddai yna rihyrsio mawr. Mae'n amlwg bod 'na lawer
mwy o arian yn cael ei wario heddiw ar raglenni
Cymraeg nag a fyddai ond mae yna hefyd fwy o frys i
wneud mwy o raglenni er mwyn llenwi mwy o amser.
Fedrwch chi ddim gwneud hynny heb i rywbeth
ddioddef ac, yn anffodus, mae safon yr iaith a'r dweud
ymhlith y pethau hynny. Hwyrach ein bod ni'n

freintiedig yn y dyddiau cynnar ein bod wedi'n cyfyngu i gyn lleied o oriau, fel bod mwy o amser ar gael i wneud pethau'n iawn. Hwyrach y newidith pethau eto ac y bydd mwy o bobol yn sylweddoli na fuasai eu gwaith na'u rhaglenni nhw ddim yn bod oni bai am yr iaith Gymraeg. Mi ddylai hynny ynddo'i hun fod yn rheswm dros ei pharchu.

Un peth oedd yn dristwch i mi o'r dechrau, ac sy'n dal yn wir heddiw, ydi'r sbloet fawr yma sy'n cael ei wneud o Gymry sy'n gweithio y tu allan i Gymru. Ar ddydd Gŵyl Dewi mi fyddai'n rhaid gwneud rhyw sioe fawr o raglen a'r peth cynta oeddan nhw'n wneud oedd rhuthro i Loegr i nôl pobol ar ei chyfer. Roedd yn rhaid i rywun fod wedi treulio cyfnod yn Llundain yn sgubo lloriau cyn y buasen nhw'n bwysig yng Nghymru. Ond dydi enwogrwydd yn Llundain ddim yn golygu bod y person hwnnw'n medru gwneud y gwaith Cymraeg yn iawn. Mi wnân nhw'r stwff Cymraeg rywsut-rywsut, dim ond iddyn nhw gael y gwaith. Mae yna enghreifftiau lu o hynny'n digwydd.

Mi fûm yn cydweithio ar gyfres efo actor oedd wedi cael ei dynnu i mewn i wneud rhan yn Gymraeg. Sut ar y ddaear oedd rhywun i actio efo fo? Dyma fi'n dweud wrth y cyfarwyddwr, 'Fedra i ddim actio efo hwn achos dydi o ddim yn siarad Cymraeg. Dydi o ddim yn fy ateb i'n iawn.'

Nid bai'r hogyn oedd na fedra fo ddim siarad Cymraeg ond roeddwn i'n gweld bai arno am dderbyn y gwaith, ac ar y rhai oedd wedi cynnig y rhan iddo fo. Roedd ganddo ddigon o hyder i balfalu'i ffordd drwy'r sgript Gymraeg ond pe bai o wedi cael cais i wneud drama yn Ffrangeg fuasa fo byth yn derbyn os na fedra fo siarad yr iaith yn iawn. Y teimlad ydi y gall unrhyw ffŵl wneud pethau yn Gymraeg, ac y gwneith unrhyw beth y tro. Mi hoffwn wybod hefyd pam bod pob cwestiwn gwybodaeth gyffredinol ar raglenni radio neu deledu Cymraeg yn ymwneud ag America neu Loegr. Pam na chawn ni byth gwestiynau am ein gwlad ein hunain? Ynghanol yr holl bleser a'r ffrindiau y deuthum i'w hadnabod ar hyd y daith mae rhyw deimladau fel yna wedi bod yn fy mhoeni.

Mae yna bleserau y tu allan i waith wrth gwrs, ac un o'r rhai mwyaf ymhlith y rheini ydi gweld y plant yn tyfu. Fe gollon ni Bob yn 34 oed ond mae mab iddo'n dal i fyw yn Awstralia. Welais i mohono fo er pan oedd o'n chwech oed, ond rwan, ac yntau'n ddwy ar hugain, mae o'n bwriadu dod draw i'n gweld ni. Mae Llinos, yr ail, yn dal yn sister yn Ysbyty Gwynedd ac mae ganddi hithau ddau fab, Robert Rhys a Morgan. Mynd yn ddwyflwydd y mae Morgan wrth i hyn gael ei sgwennu. Mae'r ddau nesaf, Iwan a Meri yn efeilliaid: Iwan yn byw yma yng Nghricieth ac yn rhedeg busnes peintio. Dau fab, Jamie a Kieron, sydd ganddo fo a'i bartner, Julie. Mae Meri a'i phartner, Bryn Morgan, hefyd yn byw yng Nghricieth ac mae Emma, ei merch, yn fyfyrwraig yn y Coleg Celf yng Nghaerdydd.

Mae Edward, bach y nyth, wedi hedfan yn go bell. Mae o yn Cape Town yn Ne Affrica, wedi priodi Alison, merch o'r ddinas honno, ac yn dad i efeilliaid, Nathan ac Amber. Codi tai y mae Edward, fel y bûm innau'n gwneud ar un adeg ond mai yng Nghymru y byddwn i wrthi. Felly, ar wahân i Edward, mae'r lleill i gyd o fewn cyrraedd i Jean a finnau ac mae'n braf eu cael nhw o gwmpas. Aeth un ddafad imi'n ddwyfil.

Rydw i wedi dod i gyfnod yn fy oes lle rydw i'n fodlon ar ble rydw i wedi cyrraedd. Mae'r awydd a'r ymdrech i ymgyrraedd at rywbeth pellach yn gwanhau'n ara deg. 'Hyd yma yr ei ond ddim pellach.' Mae rhai'n cyrraedd hynny'n gynharach na fi; mi fûm i'n lwcus i fedru rhygnu 'mlaen dros fy saith deg ac mi ddaliaf i actio ambell ran tra medra i. Dyna dro bywyd mae'n debyg, dechrau ar y gwaelod, codi i ryw binacl, ac i lawr yn ôl.

Wrth i mi sgwennu'r llith yma dyma weld pennawd yn y *Western Mail*. 'Welsh language film scoops major award at film festival in Britanny'. 'Oed yr Addewid', y ffilm y soniais amdani yn y bennod gyntaf, wedi ennill y brif wobr Ewropeaidd yng Ngŵyl Ffilm Douarnenez, a'r arian a enillwyd yn mynd i gael ei ddefnyddio tuag at ddosbarthu'r ffilm o gwmpas sinemâu ledled Ffrainc. Yn ôl y papur mae hi wedi cael ei dangos a'i chanmol yn barod mewn gŵyl ffilm yn Wurzburg yn yr Almaen ac yng Ngŵyl Ffilm Ryngwladol Moscow, ac ar fin cyrraedd y sgrîn ym Madrid. 'Veteran actor' mae'r adroddiad yn fy ngalw fi, a waeth i mi heb â dadlau ynglŷn â'r disgrifiad hwnnw. Pe bai rhywun wedi dweud wrtha i ychydig dros ddwy flynedd yn ôl, pan oeddwn i'n gorwedd yn fy ngwely yn meddwl bod y diwedd wedi dod, y byddwn i'n cymryd rhan mewn ffilm Gymraeg newydd fyddai'n cael ei gwylio ar draws y byd, mi fuaswn yn meddwl eu bod nhw neu fi yn dechrau drysu. Ond wyddon ni byth beth sydd o'n blaenau ni. Mae'n braf gweld Emlyn, awdur a chyfarwyddwr y ffilm, yn cael ei gydnabod, ar adeg pan mae ei yrfa yntau newydd gymryd tro annisgwyl. Mae o newydd gychwyn ar swydd newydd fel darlithydd mewn ysgol ffilm yn Georgia yn yr Unol Daleithiau.

Yn y ffilm am hanes fy mywyd i, Stewart Whyte McEwan (Jones), fe ddewisodd Eurwyn Williams gau pen y mwdwl trwy fy nghael i ddweud rhan o gerdd Syr T. H. Parry-Williams, 'I'm Hynafiaid'. Fedra i ddim meddwl am ddiweddglo mwy addas i'r llyfr hwn chwaith. Mae'n crynhoi, rhywsut, y gymysgedd o dlodi a bendithion a ddaeth imi yn ystod fy oes.

> Ond diolch byth, er lleied a roed im,
> Nid ydwyf yn dyheu am odid ddim.